关隘古今谈

张玉舰◎著/摄影

安徽师范大学出版社
ANHUI NORMAL UNIVERSITY PRESS
· 芜湖 ·

责任编辑：蒋　璐
责任校对：何章艳
装帧设计：张　玲
责任印制：桑国磊

图书在版编目(CIP)数据

关隘古今谈 / 张玉舰著 / 摄影 .— 芜湖：安徽师范大学出版社,2020.11
ISBN 978-7-5676-3496-1

Ⅰ.①关… Ⅱ.①张… Ⅲ.①关隘—介绍—中国 Ⅳ.①K928.77

中国版本图书馆CIP数据核字(2020)第204421号

GUAN'AI GUJIN TAN
关隘古今谈
张玉舰◎著/摄影

出版发行：安徽师范大学出版社
　　　　　芜湖市九华南路189号安徽师范大学花津校区
网　　址：http://www.ahnupress.com/
发 行 部：0553-3883578　5910327　5910310(传真)
印　　刷：江苏凤凰数码印务有限公司
版　　次：2020年11月第1版
印　　次：2020年11月第1次印刷
规　　格：700 mm×1000 mm　1/16
印　　张：13.25
字　　数：210千字
书　　号：ISBN 978-7-5676-3496-1
定　　价：45.00元

写在前面的话

《虹梯关铭》碑留影（2017年4月作者自拍）

关隘，即关津要隘，亦或解释为"险要的关口"。古时候的一些交通要道上，总是少不了关隘。

以往在关隘之地，常常砌墙筑城，屯兵或派员驻守，御敌、治安、征税，其作用不一而论。时过境迁，一些关隘因失去原本的作用而淡出历史舞台，还有一些关隘因拓宽路基、修建现代公路而被夷为平地。如今出于保护文物遗址，亦或出于其他方面的考量，不少知名关隘经过修缮或重建，已经变成了旅游景区。

中国的关隘太多了,大大小小,知名的不知名的,湮灭的未湮灭的,可以说数也数不清。我所记述的这些关隘,在选择上遵循两个标准:一是知名关隘,二是重建或存有遗址的关隘。经过反复筛选,最终拟定了37个关隘作为考察、研究对象,然后找出新的切入点来,逐一成文,并配上原创图片,力求图文互动,兼顾资料性、通俗性、学术性。

目　录

玉门关

玉门关,其遗址位于甘肃省敦煌市西北。现在所谓的玉门关,仅存的也就是一座废弃的城堡,名为小方盘城。

这座小方盘城,在清道光《敦煌县志·图考》中标注为"汉玉门关"。其后大多沿袭这一说法。

小方盘城遗址(2017年4月摄)

在距小方盘城东北11公里处,还有一座仅存残垣断壁的大方盘城。大方盘城因外围比小方盘城大,故名。实际上这是一座废弃的军用物资仓库,始建于西汉,西晋时重修。当年戍守玉门关的士卒所用的军用物资应该是从这里调拨的。早先,大方盘城被认为是河仓城。2005年,经考古专家证实,河仓城在另外一个地方,大方盘城是昌安仓遗址。

大方盘城遗址（2017年4月摄）

　　小方盘城遗址的建筑布局与大方盘城相比明显不同。在小方盘城遗址说明牌中，称这处遗址"属障坞遗址，西汉为玉门都尉府治所，东汉为玉门候官治所。北距疏勒河南岸约7公里，距今敦煌市区约90公里。现存障一座，平面呈方形，夯土版筑，约26米见方，高约10米，面积约700平方米。障外有坞院，障东残存的南北向坞墙清晰可辨，障北有一风蚀台地"。

　　小方盘城只是汉边塞之障。关于"汉边塞"的概念，1979年，中华书局出版的《中国长城建制考》（上编）称："汉之边塞，有时称之曰长城，有时称之曰障，有时称之曰障塞，亦有时简称之曰塞。大抵塞为通称，长城为绵亘相接之边垣，障为一地之防御工事，或指城堡而言。"

　　汉边塞由长城、烽燧、障坞等共同构成，是一个完整的军事防御体系。

玉门关附近的汉长城遗址（2017年4月摄）

西汉初年，匈奴国势强盛，汉高祖采取与匈奴"和亲"政策，两国关系相对和睦。经过"文景之治"，西汉逐渐强大起来。此时的匈奴却占据着河西走廊，阻碍了西汉与西域诸国的交往。汉武帝即位后，开始准备对匈奴发动战争。汉武帝先是派张骞出使西域大月氏国，寻求合作，共同对付匈奴。张骞中途被匈奴扣留，十多年后才返回长安（今陕西省西安市）。大月氏国不愿意和匈奴交战，张骞出使西域未能达成协议。西汉元狩年间，汉武帝派大将霍去病率领数万骑征伐匈奴，夺得祁连山和河西走廊，设酒泉、武威二郡，后来又分置张掖、敦煌二郡。至此，匈奴退出河西走廊。

为长远计，西汉时便在今甘肃省永登县境至玉门关之西修筑边塞，防御匈奴骚扰，保障丝绸之路畅通。

小方盘城遗址原为汉边塞要冲，位于沼泽地与戈壁滩中间。丝绸之路从小方盘城遗址北边通过。丝绸之路沿着疏勒河贯通东西，有充足的水源，从玉门关经过，算是最为便捷的一条道路。

按照字面解释，玉门关之名应该和"玉"存在着某种联系。2001年，甘肃人民美术出版社出版的《敦煌汉代玉门关》载，相传西域和田等地的美玉、玛瑙、珠宝等，经过玉门关输入中原，玉门关由此而得名。

西汉时，经丝绸之路输出的物产主要是蚕丝、丝织品、铁器、漆器等，而输入的物产主要是良马、橐驼、香料、葡萄、石榴、苜蓿、胡桃等。至于美玉一类的贵重之物，肯定也有，莫非因其贵重而将此关称之为玉门关？

不过，还有一种说法，玉门本为西域各国向周朝天子贡玉时所经过的孔道，西汉置关，名之玉门关。

通常认为，最初的玉门关在今甘肃省玉门市赤金镇一带，具体的关址尚无定论。东汉班固《汉书·地理志》载，酒泉郡有玉门县。唐朝颜师古为此注称："阚骃云汉罢玉门关屯，徙其人于此。"据此，一般认为玉门关的建置早于西汉玉门县。

后来，随着防御体系的变化，其关址由赤金镇一带向西迁移至小方盘城。隋唐时期，玉门关又向东迁移，其址在今甘肃省瓜州县双塔堡。

唐朝诗人王昌龄、王之涣在诗中均提及过玉门关。王昌龄在《从军行七首·其四》中写道："青海长云暗雪山，孤城遥望玉门关。"王之涣在《凉州词二首·其一》中又写道："羌笛何须怨杨柳，春风不度玉门关。"

这里的玉门关，应该是诗人所在朝代的玉门关，亦即新玉门关，或称唐玉门关更加准确。

其实，东迁后的玉门关，就关外风景而言，仍然是茫茫戈壁滩，满目苍凉，一如王之涣所描写的那样"春风不度玉门关"。

阳　关

渭城朝雨浥轻尘，客舍青青柳色新。

劝君更尽一杯酒，西出阳关无故人。

这是唐朝诗人王维写的一首诗，题为《送元二使安西》。王维诗中的"阳关"，位于甘肃省敦煌市西南，现仅存阳关遗址，而附近的一座烽燧遗址则被称为阳关烽燧。

阳关遗址（2017年4月摄）

"阳关烽燧"石刻（2017年4月摄）

汉武帝将匈奴赶出河西走廊后,便陆续在这一地区设置了行政机构,并修筑边塞加以巩固,史书称之为"列四郡,据两关"。所谓的"两关"即玉门关和阳关。唐《沙州图经卷第五》载:"阳关,东西廿步,南北廿七步。""以在玉门关南,号曰阳关。"

阳关作为汉边塞上的一个关隘,扼守的是通往西域的丝绸之路。西汉时的丝绸之路东起长安(今陕西省西安市),至敦煌郡(今甘肃省敦煌市)境内,又分为南北两条路,北路经玉门关,南路从阳关通往西域。

唐朝时,阳关已被废弃,具体年代无考,但阳关所在地的寿昌县城(今敦煌市阳关镇北工村附近)还是存在的。西汉时,曾在此置龙勒县,唐朝改称寿昌县。宋元时期,随着丝绸之路的衰落,寿昌县城慢慢空寂了,后来被流沙占据,仅露残垣断壁,成了不折不扣的破城子。

阳关和玉门关以烽燧相望。烽燧又名烽堠、烽火台,亦有亭、燧、烽、墩等名称,通常建在高台、山顶及易于瞭望的地方,每隔数里一座,发现敌情即用烟火传递信息。夜里点火,谓之烽;白天烧烟,谓之燧。因烧烟常用狼粪,故烽火台又名狼烟台。

其实,每个烽燧原本都有固定的名称,譬如敦煌市境内的当谷燧、仓亭燧。即使那些不为后人所知的烽燧,也早就有了俗称。这些名称经过历代相传被保留下来,因此,现在对于汉边塞上的烽燧,大多沿用传统名称,而不是笼统地称之为烽火台。

汉边塞上的每一座烽燧,实际上都是一个战斗单位,由燧长、属吏、燧卒等若干人组成,他们亦兵亦民,戍守与垦田相结合。燧长的上一级为候官,最终归都尉府统领。西汉时设立的阳关都尉府,治阳关,统领辖区若干烽燧。

阳关烽燧,俗称"墩墩",所在的山峰,则以墩墩山名之。后来,这一烽燧亦称墩墩山烽燧。墩墩山的南面就是古董滩。古董滩,因早年散落着许多古器物而得名,这里的古董多为陶片、玉器、箭镞、钱币等物。以前曾有"进了古董滩,空手不回还"之说。

游客从阳关烽燧遗址旁走过（2017年4月摄）

古董滩被认定为阳关遗址。唐《元和郡县志》称，阳关在寿昌县西六里。古董滩所在的方位基本上与这一记载相吻合。不过，唐《沙州图经卷第五》又称，阳关在寿昌县西十里，今已毁坏，"基址见存"。按照古董滩方圆里数及遗存的版筑墙基推定，通常认为这是一座颇具规模的古城遗址，而那座"东西廿步，南北廿七步"的阳关关址是否也在这一遗址之内呢？有人说在古董滩，有人说在古董滩之西，也有人说在其他地方。西汉时的阳关，在唐朝时还能看见"基址"，其后便消失得无影无踪了。

现在的阳关遗址已经辟为旅游景区，包括阳关遗址、阳关博物馆及新仿建的阳关关城、阳关都尉府、王维苑等景点。

阳关博物馆（2017年4月摄）

阳关王维塑像（2017年4月摄）

山海关

山海关,位于河北省秦皇岛市,因关城北倚燕山,南临大海,故名。

明朝初期修筑长城时,曾将山海关作为长城东端的起点,后来在一些地图上,也将山海关标注为明长城的起点,此后很长一段时期内,明长城东起山海关基本上成为定论。其实,东起山海关的那段明长城竣工之后,又陆续修筑了"辽东边墙"。现在通常认为辽东边墙也是明长城的组成部分,其最东端的"虎山",才是明长城的起点。2009年,国家文物局和国家测绘局联合公布:明长城东起辽宁省丹东市虎山,西至甘肃省嘉峪关市嘉峪关,经辽宁、河北、天津、北京、山西、内蒙古、陕西、宁夏、甘肃、青海10个省(自治区、直辖市),全长8851.8千米。

明长城上的山海关,则由徐达创建。清康熙《山海关志·官职志》载,徐达"洪武十四年建关设卫"。

山海关显功祠徐达塑像(2009年9月摄)

徐达(1332—1385),明凤阳临淮(今安徽省凤阳县东北)人。明洪武元年(1368),徐达攻克元大都,分兵定北方各地,后封魏国公,为明朝开国第一功臣。景泰五年(1454),朝廷在山海关关城为徐达建显功庙,后被毁坏。今另选新址重建显功祠,祀山海关筑城戍边名将,徐达位列其中。

山海关有广义、狭义之分。广义的山海关指的是以关城为中心的这一地区的防御体系,包括长城、北翼城、南翼城、威远城、宁海城等工事。关城则由迎恩、镇东、望洋、威远四门城楼及瓮城、东罗城、西罗城、临闾楼、牧营楼、靖边楼等构成。

狭义的山海关,最早仅指东门。明嘉靖《山海关志·关隘第二》载:"山海关,即城之东门。"

明万历时增筑东罗城,东罗城上的一个城门,其匾额为"山海关",此时的山海关,通常指的是这一城门。清康熙《山海关志·建置志》又载:"山海关,旧系镇城东门,今移在东罗城东门,为奉天孔道。"往日只有经过这个城门,才算是真正意义上的出关或进关了。

在地理方位上山海关关内为西,关外为东,关东又常以"东北"称之。以前出关谋生,谓之"闯关东",也称"下东北"。

山海关东门及其箭楼,合称东门城楼,亦泛称天下第一关或天下第一关城楼。天下第一关源自东门城楼上的"天下第一关"匾额。这一匾额因没有款识,不知何人何时所题。

天下第一关城楼(2017年5月摄)

天下第一关城楼——箭楼（2017年5月摄）

清光绪《临榆县志·建置》载，东门城楼"天下第一关"匾额，"相传明萧金事显书"。民国《临榆县志·建置编（上）》则去掉"相传"二字，称"额为明萧金事显书"。

萧显，生卒不详，山海关人，明天顺三年（1459）举人，成化八年（1472）进士，曾任福建按察司金事。

"萧显写匾"，在山海关民间故事中说得头头是道，而且有多种版本，其故事是：这年皇帝让总镇在山海关东门楼上挂匾，总镇试着写了几天也没能写好。此时，总镇想到了辞官在家的萧显，萧显答应题写匾额，但需要先练臂力。不知不觉过了许多日子，这天总镇听说皇帝要派钦差来过问挂匾的事，总镇慌了手脚，赶忙找到萧显。萧显当即展纸挥毫，不紧不慢地写下了"天下第一关"匾额。

按照明嘉靖《山海关志》、明万历《永平府志》记载，"天下第一关"应该是"东北第一关"的"升级版"。

明嘉靖《山海关志·建置》载，山海关"城东门内"设兵部分司，其大门"与关门相对,即出入孔道",大门外为兵部分司牌坊及"东北第一关"牌坊。

明朝曾在山海关设山海卫,属永平府辖。永平府治今河北省卢龙县。明万历《永平府志·建置志》载:"城之东门即山海关,扁曰'天下第一关'。""扁"通匾。这时才有了"天下第一关"的记载。

由此推定,"天下第一关"匾额诞生的年份,应该在明嘉靖《山海关志》付梓之后至明万历《永平府志》付梓之时。在这一时期内,明成化进士萧显或许早就驾鹤西游了。

不过,民国《临榆县志·建置编(上)·重修第一关旧额记》中又称,"天下第一关"匾额"笔力沉雄,与形势相称,游者相传为严分宜手迹。考邑志,为邑人明兵科给事中、福建按察司佥事萧显书"。"严分宜"即明嘉靖权臣严嵩。

清光绪时,"天下第一关"匾额经过重新摹刻后更换过一次。民国时又因匾额破裂再次更换,这次更换的匾额仍然照旧摹刻,另加款识"中华民国八年十月镌造"。民国《临榆县志·建置编(上)·重修第一关旧额记》记载了这次重换匾额的缘由及具体操作的过程。

现在天下第一关城楼(箭楼)共有三个"天下第一关"匾额:一层楼内匾额,传为明朝遗物;二层楼内匾额,传为清光绪时摹刻;二层楼外匾额,传为民国时"镌造"。

天下第一关城楼(箭楼)一层楼内"天下第一关"匾额(2009年9月摄)

天下第一关城楼（箭楼）二层楼内"天下第一关"匾额（2009 年 9 月摄）

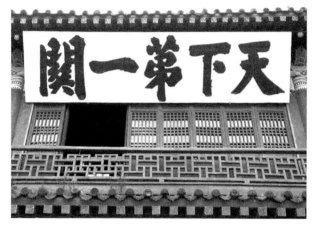

天下第一关城楼（箭楼）二层楼外"天下第一关"匾额（2009 年 9 月摄）

另外，在天下第一关城楼（箭楼）一层楼内，除了传为明朝遗物的匾额外，还有一副楹联，款识"丁卯年荷月，蜀人侯正荣"。款识中的"丁卯"即1987 年。"荷月"则是农历六月的别称。该联上联"雄关名中外"，下联"长城壮古今"。如此直白且平仄失律的楹联，衬托着堪称"著名书法"的"天下第一关"匾额，真是有点怪异了。

明嘉靖《山海关志·建置·镇东楼》收录了萧显的一首诗：

> 城上危楼控朔庭，百蛮朝贡往来经。
>
> 八窗虚敞堪延月，重槛高寒可摘星。
>
> 风鼓怒涛惊海怪，雷轰幽谷泣山灵。

几回浩啸掀髯坐，羌笛一声天外听。

这首诗通常认为是萧显当年"登城抒怀"之作。若将"八窗虚敞堪延月，重槛高寒可摘星"拟为天下第一关城楼（箭楼）楹联，相比现在的这副楹联，不知道要好出多少倍哩！

山海关孟姜女庙，又名娘娘庙、贞女祠。这里还有一个石刻匾额"天下第一关"，同样没有款识，尺寸与天下第一关城楼（箭楼）上的"天下第一关"匾额几乎不差分毫。这一石刻匾额，也不知何人何时题刻。1991年，农村读物出版社出版的《山海关》载，孟姜女庙"殿内左侧墙壁上镶嵌"的"石刻匾额"，"是从著名的'天下第一关'城楼巨匾上拓刻下来的"。或许，这一石刻匾额是作为"备份文件"留存的。

山海关孟姜女庙孟姜女塑像（中）及石刻匾额"天下第一关"局部
（2009年9月摄）

山海关孟姜女庙始建年代不详，明万历时重建，明崇祯时重修，民国时也曾重修过一次。相传南宋爱国将领文天祥还专门为孟姜女写了一副楹联：

秦皇安在哉，万里长城筑怨；
姜女未亡也，千秋片石铭贞。

孟姜女庙源于一个民间故事。相传孟姜女的丈夫被秦始皇征去修筑长城。在天气趋冷之季,孟姜女千里迢迢寻夫送衣,至山海关,方知丈夫已经死去。孟姜女悲痛欲绝,最终将长城哭倒,然后投海自尽,化作"片石"屹立于大海之中。

明嘉靖《山海关志·建置》载,山海关这个地方的旧长城,"在城东北,延袤西北去,相传为秦将蒙恬所筑"。

山海关孟姜女庙,明朝重建重修,应该有政治意义。秦长城被孟姜女哭倒,明长城却固若金汤,或许想借此宣告:明朝修筑长城是顺应民意的事儿。

明朝时,在长城沿线先后设置"九边"镇守。

《明史·兵志》载:"元人北归,屡谋兴复。永乐迁都北平,三面近塞。正统以后,敌患日多。故终明之世,边防甚重。东起鸭绿,西抵嘉峪,绵亘万里,分地守御。初设辽东、宣府、大同、延绥四镇,继设宁夏、甘肃、蓟州三镇,而太原总兵治偏头,三边制府驻固原,亦称二镇,是为九边。"太原亦称山西镇,后来增设真保镇,又从蓟州镇中划出昌镇。明万历二十三年(1595),由固原镇析置临洮镇。万历四十六年(1618),又从蓟州镇中划出山海镇。至此,长城沿线防御体系由"九边"扩编成"十三镇"。

其中的蓟州镇,亦称蓟镇,总镇府驻三屯营(今河北省迁西县三屯营)。那时,蓟镇长城东起山海关,西止京师要地。明隆庆初年,戚继光改任蓟镇总兵官。在这之前,戚继光曾任浙江都司金事,充参将,组建戚家军,因赴福建平倭寇有功,先后升任浙江副总兵官、福建总兵官。

为加强防务,戚继光在蓟镇长城增筑敌台千余座。敌台也称敌楼。戚继光在《练兵实纪》中称:"今建空心敌台,尽将通人马处堵塞。""五台一把总,十台一千总,节节而制之。"敌台多建在城墙之上,有些独立的敌台,则建在城墙一侧及险要处。敌台由基座、空心楼体、台顶构成。将敌台建成空心,主要用于屯兵及存放粮秣、武器等物资。楼体设箭窗,台顶环以垛口墙,以守为主,攻防结合。

要谈山海关,吴三桂也是一个绕不开的人物。

明崇祯十四年(1641),辽东镇总兵官吴三桂为清军所败,退守宁远

（今辽宁省兴城市）。明崇祯十七年（1644），李自成率领农民起义军进逼北京。崇祯帝封吴三桂为平西伯，诏令辽东镇兵民移驻山海关，然后进京解围。吴三桂率部进京途中，听说北京失陷，崇祯帝自缢身亡，遂退兵返回山海关，并乞求清军支援。当李自成的农民起义军攻打山海关时，辽东镇、山海镇将士合力反击，清朝摄政王多尔衮则领兵入关参与作战。最终，农民起义军大败而去，清军乘机入主中原，继而迁都北京，一统天下。

清乾隆二年（1737），山海关设临榆县治。"临榆"原作"临渝"，为古关名，因"渝水"而名之，亦称渝关或临间关。关址因年久失考，说法不一。后来"渝关""榆关"混用，"临渝"也就成了"临榆"。

山海关城墙（2017年5月摄）

那时，临榆县城也就是山海关关城，城内住满居民，人丁兴旺，关内关外是一家，往来自由。清道光进士皂保在《山海关》诗中写道："故国关防严启闭，清时行旅任驰驱。"此时的山海关，除了对尚存使用价值的关城加以保护和修缮外，那些防御清军入关的军事设施则任其毁坏，无人问津。

1946年，国民党新六军进驻山海关，这支号称国民党的王牌军队，在1948年的辽沈战役中全军覆没。辽沈战役结束当月，解放军向山海关挺进，此时的天下第一关城楼挂起了"欢迎大军入关"的字幅。

中华人民共和国成立初期及"文革"时期,天下第一关城楼曾悬挂着毛泽东画像。1954年,毛泽东视察山海关并登临天下第一关城楼留影。1961年,山海关被列入全国重点文物保护单位。

居庸关

居庸关，在北京市昌平区境。清乾隆《延庆卫志略·纪事》引用《呆斋稿》称："居庸关在昌平西北四十里，元翰林学士王辉谓始皇筑长城，居息庸徒于此，故以名焉。"其中的"庸徒"，指的是服劳役的人。

居庸关地形（2017年5月摄）

明太祖朱元璋在南京建都之后，于洪武元年（1368），遣大将徐达率部进逼元大都（今北京市），元朝最后一位皇帝经居庸关向北出逃，元朝灭亡。为防止元朝残余势力卷土重来，徐达在居庸关重筑关城卫戍。

徐达修筑的居庸关后来被称为"上关城"，曾于明永乐二年（1404）重修，明宣德年间又重修，现仅存遗址。2003年，"上关城"被列入北京市昌平区文物保护单位。清乾隆《延庆卫志略·关隘》载，徐达在"古居庸关旧址，垒石为城，即今上关"。

明嘉靖《西关志·居庸卷之十·皇明敕修居庸关碑记》载，洪武元年（1368），徐达"既定元都，遂城居庸而门其中，置兵守之"。洪武五年（1372），在居庸关设守御千户所。"三十二年所废。永乐元年，守以隆庆卫及隆庆左右凡三卫指挥使司。既而止存隆庆，余悉他调"。

"三十二年"即洪武三十二年(1399),实际上在明朝是没有这个年份的。洪武三十一年(1398),明太祖朱元璋驾崩,"洪武"年号至此终结。按照皇室章程,朱元璋长子朱标即位,惜没等朱元璋死,朱标就先走一步了,即位的事儿落在朱标之子朱允炆头上。朱允炆称帝,改元建文。朱元璋之子燕王朱棣对此不满,遂向朱允炆发难,通过战争,朱棣篡位做了皇帝,改元永乐。因朱棣不承认建文年号,按其旨意,将"建文元年(1399)至四年(1402)"改称"洪武三十二年至洪武三十五年"。

明永乐元年(1403),朱棣以燕王府所在地北平为北京,并定都于此。永乐十九年(1421),正式迁都北京。北京即京师之地。

居庸关北关城楼(2017年5月摄)

居庸关亦关亦城,因隆庆卫治于此,又称隆庆卫城。明隆庆元年(1567),为避"隆庆"年号讳,遂改隆庆卫为延庆卫。原隆庆州改称延庆州。清乾隆时,才将居庸关之延庆卫裁撤,并入延庆州。民国初年,废州改县,延庆州改为延庆县(今北京市延庆区)。

明正统十四年(1449),蒙古军3万余人围攻居庸关。居庸关镇守大臣罗通身先士卒,据城固守。此时,另一支守军参将杨俊率兵途经居庸关,欲入京师护驾。罗通闻之,厉声斥责:"不识地势,焉能为将。今关北失守,幸有居庸保障京城,无居庸是无京城矣。此而不守,何入卫为。"罗通令其共同守关。蒙古军弄不清虚实,不敢贸然进犯,几天后自动退去。

罗通率部追击,大获全胜。

罗通,生卒不详,江西吉水人。明永乐进士,曾任四川道监察御史、户部员外郎等职。以镇守居庸关之功,擢右都御史加太子少保。弘治时,在居庸关建祠旌表。嘉靖元年(1522),敕赐"表忠"匾额,春秋祭祀。

历史上的"土木之变"也发生在明正统十四年(1449)。这年蒙古军因故大举进犯明朝疆域,当权太监王振怂恿英宗率领50万大军亲自征伐,经居庸关至大同时,方知蒙古军兵力强大。王振害怕,不敢再进,决定回师返京,行至土木堡(今河北省怀来县土木村)时,被蒙古军追及。土木堡无水可饮,明军被困数日大乱。蒙古军趁机总攻,英宗被俘,王振死于乱军之中。这一事件即"土木之变"。

此时,朝内兵部侍郎于谦等人力主抵抗,扶保英宗之弟朱祁钰即位,改元景泰,于谦升任兵部尚书。同年,蒙古军挟英宗直抵北京城下,英宗驻德胜门土城,约人出城议和,遭到于谦拒绝。蒙古军开始攻城,于谦率部迎战,史称"北京保卫战"。几经交锋,蒙古军见势不妙,遂挟英宗退兵而去。

这次事件惊动朝野内外,为进一步加强京畿防务,朝廷决定在上关城之南另行选址,重建居庸关城。

实际上,上关城是在移址重建居庸关城之后才形成的地名。上关城也就是明初徐达修筑的居庸关,是在"古居庸关"旧址重建的。

明嘉靖时,居庸关曾被巡抚都御史孟春称作"天下第一关"。

明嘉靖二年(1523),由孟春撰写的《重修隆庆卫儒学记》碑载,"隆庆卫学,在居庸关城南门外",居庸关"为京城之北门,乃天下第一关也"。另外,在明嘉靖《西关志·居庸卷之十·艺文》中,亦收录这一碑文。

居庸关又被誉为"天下第一雄关"。

"天下第一雄关"亦即今居庸关南关、北关城楼之匾额。清康熙时,钱良择在《出塞纪略》中曾经提及这一匾额,从"居庸之南口"行"十五里至居庸关城,城门额曰'天下第一雄关',盖京师北面之极冲"。

这一匾额不知何人何时所题。现在新铸造的"天下第一雄关"匾额,则是集唐朝颜体字而成。

"天下第一雄关"匾额(2017年5月摄)

居庸关南关城门及北瓮城城门匾额均为"居庸关"三字,款识"景泰伍年捌月吉日立"。

"居庸关"匾额(2017年5月摄)

明嘉靖时居庸关归属昌镇辖。明万历《四镇三关志·建置·昌镇建置》

载:"嘉靖三十年分蓟、昌为二镇,设提督、都督一员护视陵寝、防守边关,遂为昌镇云。三十九年,改提督为镇守总兵。"昌镇总兵府驻昌平(今北京市昌平区)。

现在的居庸关,绝大多数建筑是仿古重建之物。

《居庸关长城修复工程》碑载,居庸关长城于1993年5月至1994年10月修复,其建设单位为"北京市昌平县十三陵特区办事处",设计单位为"中国长城学会",施工单位为"中国人民解放军八八六一五部队"。在这前后,也对居庸关关城内的主要建筑进行了修缮或重建。

游客在看《居庸关长城修复工程》碑(2017年5月摄)

其实,明朝时所建的居庸关关城及附近的长城,早已毁坏殆尽,倒是关城中的云台,相对来说还算完好一些。这座云台为门洞式建筑,始建于元至正二年(1342),比居庸关城的创建年份还要早。云台之上,原为三座佛塔。所谓的云台,实为过街塔台基。元末明初,三塔倾覆。明正统十二年(1447),在台基之上又建佛殿五楹,取名泰安寺。因其势巍然,如在云端,故以"石阁云台"列入"居庸八景"。清康熙四十一年(1702),泰安寺毁于火患,留下台基,谓之云台。

1961年,"居庸关及云台"被列入全国重点文物保护单位。

居庸关云台（2017年5月摄）

新建的居庸关迎恩坊、国计坊，在明嘉靖《西关志·居庸卷之四·牌坊》中是这样记载的："迎恩坊，在关南门外，旧有牌坊一座，废后太监姚政重立。""国计坊，在关城南门内，户部分司立。"

居庸关云台、国计坊、南关城楼（2017年5月摄）

居庸关北瓮城中的真武庙，始建于明洪熙元年（1425），主祭真武大帝，1996年重建。南瓮城中的关王庙，主祀关公，1997年重建。居庸关作为旅游景区，1998年对外开放。

紫荆关

紫荆关，位于河北省易县紫荆岭。清雍正《畿辅通志·关隘》载，紫荆关在宋朝时称金坡关，因山岭多紫荆树而改名紫荆关。明嘉靖《西关志·紫荆卷之一·沿革》称"正统初年创建旧城"。明万历《四镇三关志·真保镇形胜·乘障》又称："紫荆关，正统元年建。旧连环城、夹城、稍城、圈城二十七丈。河北迤西，堡城、正城、夹城、稍城、稍墙一带共九百三十丈。"

紫荆关历经多次重修及扩建，形成了一个庞大的军事防御体系。明景泰初曾由内臣及总兵官镇守。

古时候，"紫荆残月"为易州（今易县）十景之一。明钱塘（今浙江省杭州市）人陈珂曾以"紫荆残月"为题，赋诗一首：

> 雄关控西戎，天险不可越。
>
> 戍梦刁斗回，朦胧见残月。

现在的紫荆关城仅存遗址，其中一座城门的匾额为"紫塞金城"，款识"钦差总理紫荆兵备按察使刘东星、直隶保定府管关通判宋应试、钦差分守紫荆关等处地方参将韩光，万历十七年岁次己丑孟秋吉旦立"。2000年，中央编译出版社出版的《易县志》载，这一座城门名"三重门，又称南门"。南门坐东朝西，其南为二重门，二重门之外则是南天门。

紫荆关另一座城门的匾额为"河山带砺""紫荆关"。"河山带砺"款识"万历丁亥夏，聊城傅光宅书"。"万历丁亥"即万历十五年（1587）。"紫荆关"无款识，从字迹推定，也由傅光宅题写。实际上此处若重复署名，不但俗气且有碍观瞻，所以傅光宅只在一个匾额中署上了自己的名字。

傅光宅（1547—1604），山东聊城人。明隆庆四年（1570）举人，万历五年（1577）进士。原礼部尚书于慎行撰写的《四川按察司提学副使傅公光宅墓志铭》称："乙酉，召拜河南道监察御史，首条便宜六事，皆见嘉纳。按行二关，疏荐故蓟帅戚继光，众论快之。""乙酉"即万历十三年（1585）。

"河山带砺""紫荆关"匾额,应该是傅光宅"按行二关"时所题。于慎行为傅光宅撰写墓志铭时,戚继光已经因病去世,所以文中称"故蓟帅戚继光"。戚继光曾任蓟镇总兵官,因受排挤,明万历十一年(1583)被调离蓟镇,任广东总兵官。万历十三年(1585),戚继光告老还乡。傅光宅"按行二关"时曾为之上疏,大概是请求朝廷重新启用戚继光,让其执掌京畿防务重任。

2012年,文物出版社出版的《明长城》,把傅光宅题写匾额的这一座城门,称之为"紫荆关北瓮城东门"。《易县志》则称这一座城门为北门,"北门有瓮城","北门面东"。

紫荆关北瓮城东门(2017年5月摄)

紫荆关作为明万里长城的组成部分,1956年被列入河北省重点文物保护单位。

要谈紫荆关,明朝"土木之变"也是一个绕不开的话题。

明正统十四年(1449)七月,英宗率兵亲征蒙古军。八月,英宗在土木堡(今河北省怀来县土木村)被俘。十月,蒙古军以"送驾"名义挟英宗进北京议和,由山西大同入境,经过紫荆关时遭到明军抵抗。明嘉靖《西关志·紫荆卷之四·忠义》载,"右副都御史孙祥、太监阮尧民、都指挥韩清"分头协同迎战。孙祥拒守关城,阮尧民、韩清领兵马出旧城北门截杀蒙古军。蒙古军来势凶猛,阮尧民、韩清先后阵亡,所领兵马也"被杀死殆尽"。

蒙古军头目至关城下喊话："我今送驾，何不开关门？"孙祥恐有所诈，拒绝开关。当晚，蒙古军放火烧毁大木厂后"斩关而入"，将孙祥杀死。

紫荆关北瓮城（2017年5月摄）

蒙古军攻克紫荆关后直抵北京。以兵部尚书于谦为首的抵抗派持强硬态度，拉开战事，誓保北京。蒙古军见议和不成，遂挟英宗出紫荆关返回。次年，才将英宗释放。

英宗被俘后，其弟朱祁钰即位。英宗被尊为太上皇帝，亦称上皇，被释放后不再过问政事。明天顺元年（1457），英宗在朱祁钰病危之际，乘机复辟，再次登上皇帝宝座，改元天顺，史称"夺门之变"。于谦由此落难，被英宗诛杀。

明嘉靖《西关志·紫荆卷之四·忠义》又载，明正统十四年（1449）十月，紫荆关失守，于"事宁之日"，曾为孙祥、阮尧民、韩清在紫荆关拒马河北建三忠祠旌表。

这次失守，日后朝廷也进行过问责，只是有点不疼不痒罢了。明朝编年史《明实录·明英宗实录》（卷186）载，明正统十四年（1449）十二月，"三法司六科论紫荆关失守者罪：按察使曹泰为首，斩；右金都御史段信，监察御史吴中、郭仲曦、王晋，锦衣卫指挥王虹为从，流。命俱宥之，降为事官，从顾兴祖筑关口自效"。可见曹泰等人均得到宽大处理，让他们戴罪立功,以观后效。

其实,这也是无奈之举。明正统十四年(1449)七月,跟随英宗亲征的数十万大军,经过"土木之变",几乎全军覆灭,京畿防务少兵缺将,倘若再斩曹泰等人,岂不是又要减员了吗?

《明史·景帝》载,明景泰元年(1450)四月,"都督同知刘安充总兵官,练兵于保定、真定及涿、易、通三州,佥都御史曹泰参赞军务"。

无疑,紫荆关也是位列其中的。

明嘉靖二十九年(1550),设立真保镇,紫荆关隶属真保镇。

倒马关

倒马关分上城、下城。上城位于河北省唐县大石峪村上关岭,下城位于唐县倒马关村。上城、下城相距约2公里。

明万历《四镇三关志·真保镇形胜·乘障》载,倒马关"本关城堡一座,景泰三年建","上城口,堡城一座,洪武初年建"。这里所记载的"本关城堡一座"即倒马关下城。下城建成后,便成了倒马关的指挥中心,此时的下城也就是倒马关关城。

清光绪《唐县志·兵防》载,倒马关"关城旧在上城口,因地势狭小,乃移之桑园,跨山筑城,周围九百六十丈,高三丈,石身砖垛,东西北三门俱临唐河"。这里所载的"上城口"指的是"上城"。在下城没有建造之前,上城为倒马关关城。

在明嘉靖《西关志·倒马卷之一·城池》中,尚未有将"上城"称为"上城口"的记载。由此推定,将倒马关上城称为上城口,应该是明万历时形成的俗名。

倒马关上城地形(2017年5月摄)

不过,在唐县还有一个名为"上城口"的村子。1984年,唐县地名办公室编印的《唐县地名资料汇编》称,上城口为北宋倒马关军营所属防地,位于今倒马关村"东北偏北5.3公里处",清道光时成为村落,"因地处倒马关东北山上,并筑有城隘口,故名上城口"。

明嘉靖《西关志·倒马卷之一·沿革》称上城"古为青龙口"。唐河至此绕山转弯,犹如青龙盘踞在山口,其名称大概由此而来。所置关名,最初叫常山关。清光绪《唐县志·杂稽》记载,为避匈奴,东汉建武十五年(39)置常山关,即今倒马关。

倒马关名称的来源,明嘉靖《西关志·倒马卷之三·古迹》称:"在关上城南门外河岸盘石上,有痕状如马倒所压,故云倒马石,后人因以名关。"明嘉靖《西关志·倒马卷之一·沿革》又称,倒马关之名,或谓北宋时杨六郎至此倒马,上城"南门外石上若有遗迹,因以名之"。此处引北宋《太平寰宇记》载:"滱水出倒马关,经石臼子里,采筏者乘筏至此,失堤防,有停滞之患,出路险峻,马为之倒,因以名之。二说未知孰是。"

现在的倒马关上城仅存遗址,其地又名上关岭。岭东为马圈梁,或称马圈山,原为倒马关军马圈养处,如今尚存石砌马圈残基。马圈梁比上关岭高出许多,中间隔着唐河,古代置关于此,易守难攻。

马圈梁上的"六郎碑"额题"古迹"二字,碑文"宋将杨六郎拒守之处",款识"正德十五年岁次庚辰春三月吉旦,钦差巡按直隶监察御史沈俊书"。

"宋将杨六郎拒守之处"碑(2017年5月摄)

马圈梁应该是后来形成的地名。明嘉靖《西关志·倒马卷之三·古迹》称,这个地方为六郎城,且"遗址尚存","嘉靖二十四年新修城一座"。这座城很可能就是圈养军马的"圈城"。

除了马圈梁上的六郎碑外,早年还在上关岭建了一座杨六郎庙,简称六郎庙。明嘉靖《西关志·倒马卷之三·祠庙》称,倒马关上城有宋将杨六郎庙。这座古庙早年荒废,2002年重建,2013年修缮,现庙内供奉"三关元帅杨六郎"。

杨六郎(958—1014),即杨延昭,北宋麟州(今陕西省神木市北)人。其父杨业,一名杨继业,北宋时曾任代州刺史兼三交驻泊兵马都部署等职。杨延昭为杨业第六子,太平兴国中以荫补供奉官,后任保州缘边都巡检使、宁边军部署、高阳关副都部署等职。杨延昭英勇善战,契丹畏服,呼为杨六郎。因驻守之地距瓦桥关、益津关、淤口关很近,故又有"三关元帅杨六郎"之称。后来杨六郎被写入野史、小说、戏剧中,其艺术形象广为人知。

上城真武庙,明嘉靖《西关志·倒马卷之三·祠庙》中仅载庙名,而在上城遗址《重修倒马关上城真武庙记》碑中却记载得非常详细。该碑称"旧有真武庙仅二楹,创无碑文可考",明嘉靖二十五年(1546)铸钟,"万历十年重修"。这次重建真武庙,时在"万历三十五年",由"钦差分守倒马关地方参将署都指挥金事、怀庆卫甲午武举萧如玉顿首敬撰并书"碑文。"怀庆卫"治今河南省沁阳市。"甲午"即明万历二十二年(1594),这年萧如玉中武举。

武举是从民间习武者中选拔出来的军事人才。在明清时期编纂的地方志中,武举人、武进士通常被单独列入"武举表"中,位于文科举人、进士之后,其地位低于通过文科科举获取功名的举人或进士。

现存上城真武庙由今人重建,供奉真武大帝及北斗众星之母等道教神祇。诸神坐镇,可谓法力无边。

倒马关上城真武庙(2017年5月摄)

倒马关下城曾为倒马关公社、倒马关大队驻地,现为倒马关乡政府、倒马关村驻地。倒马关村东头路口的"倒马关"石刻,款识"二〇一六年六月立"。村西头的另一篆书"倒马关"石刻,惜没有款识,不知何人何时题刻。

"倒马关"石刻(2017年5月摄)

1981年,"倒马关"被列入河北省重点文物保护单位。2013年,又以"长城(倒马关段)"之名被列入全国重点文物保护单位。

倒马关村南山公园,亦名倒马关公园,2002年始建,其中的碑林为倒马关公园一景。说是碑林,实则仅有几通新仿的石碑,包括明成化元年(1465)《建倒马关城记》碑、明正德十五年(1520)《重修庙记》碑、"宋将杨六郎拒守之处"碑、《祭杨六郎祠文》碑。

明嘉靖《西关志·倒马卷之七·艺文》收录《建倒马关城记》等碑碑文。《建倒马关城记》由"钦差文林郎、巡按直隶监察御史澶渊侯英撰"。"澶渊",古地名,故址在今河南省濮阳市西南。

倒马关下城西瓮城外的一座门洞,算是保存比较好的建筑遗迹。这座门洞因位于现在的倒马关村西,当地人俗称西门。它实际上是一座敌楼的基座,因建于唐河岸边,或称水关敌楼基座。《唐县地名资料汇编》载,倒马关下城"西门外百步,依山傍水建敌楼一座"。"长城(倒马关段)"文物保护标志碑碑阴镌文又称,下城"原西瓮城南门西,唐河岸边的水关上部敌楼已毁"。

倒马关下城西瓮城外水关遗址(2017年5月摄)

倒马关下城东门城墙及东瓮城仅存残垣断壁。东瓮城北门外原为关帝庙,其遗址现为倒马关乡卫生院。当地信众为请回"关公之神位",在卫生院东墙外临时搭建了一座小庙,用来供奉关公塑像。

倒马关下城城墙遗址(2017年5月摄)

倒马关下城东瓮城遗址(2017年5月摄)

倒马关下城有药王庙,供奉药王。药王庙的作用犹如现在的卫生院一样,担负着治病救人的责任。信神者供神强调"信则灵",供奉药王,至少从精神上能够给古时候的驻地军民带来安慰。

这座药王庙创建于明万历时。在古碑《创建药王庙碑记》款识中,尚存"钦差分守倒马关地方参将署都指挥佥事"诸字。清道光十二年(1832)勒石的《重修药王庙碑记》称,"昔之军民有疾而祷祈而得愈,念其有救药之功",遂许诺建庙。这次重建药王庙,"御前侍卫、特授倒马关等处地方都阃府、加五级纪录十次龚继荣捐银十两"。

龚继荣(1791—1845),浙江省宁海县人。清光绪《宁海县志·选举志》载,清道光元年(1821),龚继荣中武举,道光三年(1823)以"二甲一名"中武进士,曾任"云南城守营参将"。道光帝当年赐书千册给龚继荣,勉励他多读书。为答谢皇恩,龚继荣在家乡建专楼珍藏,并以"赐书楼"名之。

明清两朝驻守倒马关的将士,在守关的同时,也助力修建庙宇。捐款修庙,古人视为积德行善,并因此而流芳百世。

明朝为了抵御北方游牧民族的侵扰,自建国初期就开始修筑万里长城,直到明朝灭亡,几乎没有停止过。明长城上的诸多关隘,到清朝时,仍然是守把的军事重地。清光绪《唐县志·兵防》载,清光绪时在倒马关"额设都司一员,把总二员,经制外委一员,额外外委一员,马战兵二十名,步战兵十五名,守兵一百八十六名,营操马十八匹。属正定镇标"。

清朝对修筑长城已经不是那么热心了,但仍没有间断过,对固守本朝有用的边墙、关隘及附属建筑,还是时常修缮的。

倒马关作为明长城上的一个重要关隘,明嘉靖时隶属真保镇。明嘉靖《西关志·倒马卷之一·军马》载:"倒马关上城原额军四十六名,嘉靖十五等年,陆续添设军一百三十名。"明嘉靖二十五年(1546),"倒马关下城军二千一百一十七名"。

龙泉关

龙泉关,位于河北省阜平县龙泉关村。

龙泉关,曾先后设立过龙泉关上城、下龙泉关。

明万历《四镇三关志·真保镇形胜·乘障》载:"龙泉关堡城一座,永乐中年建。下龙泉关堡城一座,正统二年建。"

清初顾祖禹《读史方舆纪要》卷十四载:"龙泉关县西七十里。有上下二关,相距二十里。下关,正统二年建。景泰二年又于迤西北筑上关城。""嘉靖二十五年改筑关城。"

明嘉靖《西关志·故关卷之二·城池》载:"龙泉关上城,景泰六年设立。"明嘉靖《西关志·故关卷之一·关隘》又载,下龙泉关"后改移上城,今下城无军守把,遗址尚存"。

明嘉靖时龙泉关为真保镇所辖的一个关隘。明嘉靖二十一年(1542),龙泉关曾归驻守紫荆关参将署统辖。龙泉关位置偏僻,并非重要关隘,明嘉靖时仅配二十匹马,戍军一百余名。

现在的龙泉关仅存遗址,比较有代表性的建筑遗址就是一段夯土版筑城墙及龙泉关北门。北门原有城楼,北门外旧存瓮城,即北瓮城,其门朝东。1956年,"万里长城·龙泉关"被列入河北省重点文物保护单位。

龙泉关北门遗址（2017年5月摄）

龙泉关北门遗址南侧街巷（2017年5月摄）

明朝时的下龙泉关,应该在今阜平县西下关村、东下关村一带。相邻的大教厂村,似是由"大教场村"讹化而来,大教场应该是戍关官兵的训练场。

　　清同治《阜平县志·村社》记载,在县城正西,"龙泉关距县城七十里","西下关离城五十里","东下关离城四十九里","大教厂离城五十五里"。

　　由此推算,龙泉关至西下关"二十里",这与清初顾祖禹的《读史方舆纪要》所载龙泉上下二关"相距二十里"是一致的。

　　1983年,阜平县地名办公室编印的《阜平县地名资料汇编》则称,大教厂"因此处曾建过关口,并有士兵经常操练"而得名。"因大教厂村是古代的关口",东下关位于大教厂东,故名,西下关位于东下关"西偏北",故名。

　　龙泉关所辖的关隘,即隘口,其中包括印钞石口、盘道岭口、旧路岭口、新路岭口。按照地理方位,龙泉关之西,为印钞石口,此地地势比龙泉关高,相对龙泉关来说,当地人称之为"上"。由龙泉关经印钞石口至长城岭,一路上坡。因此,当地人又常说印钞石口在长城岭之下。龙泉关、印钞石口、长城岭的地理方位,在"印钞石村"牌坊楹联中是这样描述的:

　　　　长城岭下古御道,山清水秀景色美。
　　　　龙泉关上新农村,政通人和事业兴。

"印钞石村"牌坊(2017年5月摄)

"印钞石村"牌坊是一座新牌坊,其上镌刻的楹联没有款识,不知何人何时撰写。紧邻牌坊的景观石上还镌刻着"印钞石"三个大字,款识"中共保定市委办公厅工作组制。二零一三年六月"。

长城岭,在明嘉靖《西关志》、明万历《四镇三关志》中尚未有记载。这一地名的形成应该在明朝末年,因岭上建有长城而得名长城岭。

《徐霞客游记·游五台山日记》曾经记载过长城岭。明崇祯六年(1633),徐霞客从龙泉关"登长城岭绝顶","岭之上,巍楼雄峙,即龙泉上关也。关内古松一株","关之西,即为山西五台县界。下岭甚平,不及所上十之一。十三里,为旧路岭,已在平地"。

清康熙二十二年(1683),内廷供奉翰林院侍讲高士奇跟随康熙帝去五台山拜佛。高士奇在《扈从西巡日录》中作了详细记载,其中也提到了长城岭。"壬辰,度长城岭,又名十八盘。岭凡二十里,关山险隘,石磴崎岖,一松苍翠,临崖碑题'宋杨延昭挂甲树'。《宋史》载,延昭于太平兴国中补供奉官。从其父业攻应、朔为先锋,后又为莫州团练使,护塞鄜北二十余年。往来于此,理或有之。"

徐霞客所记载的"关内古松一株",也就是高士奇所记载的这棵"挂甲树"。挂甲树之名,应该是清初附会宋将杨延昭戍边故事而来。若早就有其名其碑,为什么徐霞客在游记中没有记载呢?

"关内古松一株",证明徐霞客所记载的这个关隘就在长城岭。不过,徐霞客认为这一关隘是龙泉上关,显然是错误的。长城岭在龙泉关之上,徐霞客大概就是凭借这一地理方位而得出的结论。

清同治《阜平县志·诸图》中,则将这一关隘标注为"长城岭口"。

1956年,"万里长城·长城岭"被列入河北省重点文物保护单位。当然也包括长城岭口。

长城岭口遗址（2017年5月摄）

2011年，文物出版社出版的《河北省志·长城志》则称："长城岭是明代龙泉上关，其东约10公里处即是龙泉关城（下关）。""长城岭在龙泉关西约10公里阜平县与山西五台县交界处，考其位置，是景泰二年（1451）建立的龙泉上关，今河北通往山西的公路由关门南侧通过。""关门顶部门楼已毁，仅存顶部塌落的拱形门洞。"

此说没有标明出处，莫非源自《徐霞客游记》？

由阜平县城经龙泉关至长城岭的这条道路原称西大道，清康熙帝去五台山拜佛就是从这里经过的，因此也称古御道。如今，在龙泉关还流传着一个与康熙帝有关的民间故事哩！

相传康熙帝去五台山经过王槐村时，曾拟句"王至王槐，王快乐"。行至龙泉关，一位当地秀才，亦说是庙里的住持，则以"龙到龙泉，龙泉清"应对。为求上下句对仗，康熙帝又改原句"王槐"为"王快"，即：王至王快，王快乐。

王槐村，古时候因村中有一棵大槐树，而取名王槐。自从康熙帝赐名后便一直沿用王快村名。

王至王快，王快乐；龙到龙泉，龙泉清。这样一副诙谐有趣的传统楹联，如今被镌刻在一通功德碑中，不知是笔误，还是什么原因，竟然把句首"王"字改成了"龙"字。一字之改，弄得全联尽失本意。

关隘古今谈

　　这通功德碑位于龙泉关龙泉一旁,其碑文称,清康熙帝去五台山"经此地见泉赞曰:龙至王快,王快乐;龙到龙泉,龙泉清。故此地得名龙泉关"。2007年,由邑人发起,"众善士大力相助建此赏泉亭,以保护古迹,特立碑纪念"。

　　该碑款识"龙泉亭建委,二〇〇八年正月立"。现今的农村,仍习惯用农历纪年,"正月"即农历一月。

　　1948年,毛泽东等中央领导人从陕北迁至河北省平山县西柏坡。4月10日,由山西境内五台山塔院寺出发至长城岭,从现存的长城岭口进入河北省阜平县,途经印钞石、龙泉关、大教厂,当天至西下关留宿一夜。第二天启程赶往阜平县城南庄——这里是晋察冀军区司令部驻地,毛泽东在城南庄居住了37天。为躲避敌机轰炸,又迁居花山村。没多久便去了平山县西柏坡,在此统领中国革命战争。

　　2015年,一尊毛泽东挥手致意的塑像在长城岭落成。

长城岭毛泽东塑像(2017年5月摄)

现在的长城岭正在开发建设度假村,除此之外,还计划筹建一座龙泉寺。这样一来,长城岭的原始面貌将发生重大改变。旧貌变新颜,就历史遗址而言,是耶非耶,还真不好说哩!

娘子关

　　娘子关,位于山西省平定县娘子关村。关于娘子关之名的成因,从古到今,至少有两种观点。

　　2004 年,中华书局出版的《永乐大典方志辑佚·太原志·古迹》载:"承天镇,在平定州东北九十里,古妒女祠在焉,故俗谓之娘子关。"

　　清初顾祖禹《读史方舆纪要》卷十四载,苇泽关"一名娘子关,关盖以妒女祠而名"。唐"乾元初置承天军于此",后称承天寨、承天镇。"明仍为承天镇,亦曰娘子关,设兵卫戍"。

娘子关地形(2017 年 5 月摄)

　　清朱彝尊《平定州唐李谭妒神颂跋》载:"然则妒女有祠其来久矣!相传神介之推妹也。颂之者谁? 游击将军上柱国李谭也。碑于何所? 今平定州娘子关也。""而斯关以娘子称,殆因神而名之也。"

　　妒女祠祀妒女神。唐大历十三年(778),李谭为之撰写《妒神颂并序》碑文。清光绪《平定州志·坛庙附寺观》载,妒女祠"唐大历间建"。

　　妒女,史载为春秋时晋国名士介之推之妹。介之推本在绵山隐居,不幸被山火烧死。为缅怀介之推,晋文公颁布"禁火寒食"诏令,冬至后百五日不许烧火做饭。介之推之妹看见当地百姓因禁火寒食而生活凄苦,遂率先移风易俗,于冬至后积薪自焚。因兄而禁火,妹却举火,故谓之妒女。不过,称其"妒女"并非贬义。为妒女建祠祭祀,意在弘扬妒女"义举"美德。当地妒女祠俗称娘子庙,娘子关之名由此而来。

大概在清初,关于娘子关之名的形成,又出现了另一种新观点。

清康熙十年(1671),钦依娘子关王把总等人所立《关圣庙碑记》碑载:"夫直隶真定府治西有古娘子军之旧地,通今设一关焉。"

清雍正《畿辅通志·关隘》载,娘子关"传唐平阳公主驻兵于此,因名"。

清光绪《平定州志·城池附关梁》又载,娘子关"即古苇泽城,唐平阳公主驻兵于此,故名。俗传因妒女祠得名者,非也。明嘉靖二十一年建置城守,设百户一员。国朝改设把总,地属州承天都,官校属正定镇。王世贞诗:夫人城北走降氏,娘子军前高义旗。今日关头成独笑,可无巾帼赠男儿"。

"夫人城北走降氏"应为"夫人城北走降氐"。"氐"通"抵"。"抵"有投靠、依附的意思。

清光绪《平定州志·城池附关梁》附载明朝王世贞的这首诗,似乎在以诗证史,证明娘子关之名源于娘子军的观点是有充分依据的。清光绪《平定州志·艺文中》(卷之十三)也收录该诗,并为之加了一个"娘子关偶成"的题目。

王世贞(1526—1590),太仓(今江苏省太仓市)人。明嘉靖二十六年(1547)进士,授职刑部,曾任山西提刑按察司按察使,官至南京刑部尚书。

王世贞为明代文学家,好古诗文,主张"文必秦汉,诗必盛唐"。这首《娘子关偶成》,应该写于他任职山西按察使时,即明隆庆四年(1570)。

其实,在《娘子关偶成》中并没有涉及娘子军驻扎何处这一问题。娘子关、夫人城、娘子军各有所指,后人曲解其诗,认为三者合一,指的就是娘子关。

明朝时,娘子关著名古迹当属妒女祠,王世贞至此,由娘子关中的"娘子"——妒女作为"引子",将其与夫人城之"冼夫人"、娘子军三者联系在一起,这才偶成一诗。诗中妒女隐而不露,含义深邃,颇见匠心。

"夫人城北走降氐",其句指冼夫人归附隋朝这段历史。冼夫人,一说是今广东省高州市人,一说是今广东省茂名市电白区人,历经梁、陈、隋三朝。据说在隋灭陈初期,冼夫人曾亲自起兵,筑城拒守。所筑之城号称"夫人城"。陈朝亡国后,为保境安民,冼夫人归附隋朝,为岭南地区的统一做出了贡献。由此,冼夫人被册封为谯国夫人,后世誉其为"岭南圣母""千秋懿范""巾帼英雄"。

娘子军的主帅平阳公主则是隋末唐初的一位巾帼英雄。平阳公主为唐高宗李渊第三女。隋大业十三年(617),李渊起兵反隋,平阳公主积极响应,用自家积蓄,在鄠县(今陕西省户县)组建娘子军,举起反隋兴唐的大旗。平阳公主的事迹,在后晋时编纂的《旧唐书》、北宋时编纂的《新唐书》中均有记载。不过,"平阳公主驻兵娘子关"的说法,却于正史无考。

娘子关南城门之楼名宿将楼。原先的南城门和宿将楼,虽然称不上巍峨,但也是一座真正的老建筑。2000年,中华书局出版的《娘子关志》载:"1986年娘子关被确定为省级重点保护文物,娘子关镇(原娘子关乡)投资对南城门进行整修,城墙外加砌石墙(东、西、南三侧加厚0.7米),宿将楼由单檐硬山顶改建为重檐歇山顶,楼内装平阳公主塑像,楼额悬挂'天下第九关'木质横匾。"

这一工程由娘子关镇西武庄村建筑队施工,1988年3月竣工。

至此,娘子关的这一标志性建筑才变得美丽且巍峨起来。

娘子关南城门(2017年5月摄)

以前的宿将楼实则是一栋铺房,供守关将士住宿的地方。在盛世之年,大概易为祠庙,供奉神祇。宿将楼楹柱镌刻楹联:

> 雄关百二谁为最,
> 要路三千此并名。

> 楼头古戍楼边寨,
> 城外青山城下河。

这两副楹联均无款识,不知何人何时撰写。

宿将楼上的"天下第九关"匾额,其款识仅署"丁丑年仲夏立"。款识中的"丁丑年"即1997年。

"天下第九关"匾额(2017年5月摄)

其实,在古代文献中并没有娘子关是"天下第九关"的记载。不过,古代有九塞之说,包括大汾、冥厄、荆阮、方城、崤、井陉、令疵、句注、居庸,但是九塞并没有先后之分。

若非得为"天下第九关"找个"根儿"的话,应该是王世贞的另一首诗:

> 飞泉中泻九关开,朔气偏摧万壑雷。
> 喷玉高从西极下,悬崖雄自巨灵来。

地输神瀵为汤沐，石拂钧天奏帝台。

若语会心翻自笑，羽书初过黑龙堆。

清光绪《平定州志·城池附关梁》附载该诗。不过，这首诗中的"九关"并非"第九关"，而是借用了"九重天门"。九重天门简称九关，相传九关由虎豹值守。"虎豹九关"，语出战国时楚国诗人屈原《楚辞·招魂》诗。"虎豹九关开"，语出南宋词人辛弃疾《水调歌头·汤朝美司谏见和，用韵为谢》词。王世贞诗句"飞泉中泻九关开"，或可释义为：娘子关泉冲破九重天门倾泻而下。

娘子关是第九关，在当地民间倒是早有所传。但称之为"天下第九关"，应该是在对宿将楼进行整修后打出的新招牌。

宿将楼，原先仅有"宿将楼"匾额，后遗失。新的"天下第九关"匾额，结构上与山海关"天下第一关"匾额如出一辙。或许"天下第九关"模仿了"天下第一关"。

娘子关城内的关帝庙，在明嘉靖《西关志·故关卷之三·祠庙》中仅存"关王庙"名录。关王庙亦称关圣庙，通名关帝庙，主祀关公。清雍正三年（1725）《重修钟楼两廊南楼记》碑载，这座"关圣庙"，"不知创自何年始于何代"。

关帝庙中的戏楼，现在称为古戏台。清乾隆五十五年（1790）重修，这次重修还立了一通《重修戏楼碑记》碑，该碑称："娘子关有关帝庙一所，内有戏楼三间，历年久远，风侵雨潇，不无倾塌忧，合城官长、军民公议重修。"

接下来，娘子关把总带头捐款，其他人员不论捐多捐少，一律题名勒石，以流芳百世。

另外，在这一戏楼上还镌刻着两副楹联：

虚迹作实，假笑啼中真面目；

摹情画景，新声歌里旧衣冠。

舞袖蹁跹，影摇千尺龙蛇动；

歌喉宛转，声撼半天风雨寒。

娘子关关帝庙戏楼楹联（2017年5月摄）

"影摇千尺龙蛇动""声撼半天风雨寒"，为北宋诗人石延年所作《古松》诗句。这两副楹联均没有款识，也不知道何人何时撰写的。

娘子关东城门，亦称东门。《娘子关志》称，1986年"整修"南城门时，也给"东门上加盖了顶楼"。

娘子关东城门(2017年5月摄)

　　东城门匾额"直隶""娘子关",其款识已经漫漶不清。匾额中的"直隶"二字,说明娘子关在卫戍方面,归驻直隶(今河北省)真保镇管辖。

"娘子关"匾额(2017年5月摄)

娘子关的"地盘"归平定州（今平定县）管辖。1992年，社会科学文献出版社出版的《平定县志》载，明至清乾隆时，平定州隶属山西省太原府，清雍正二年（1724）从太原府析出，升为直隶州，属山西省辖，1912年平定州改为平定县。

明嘉靖《西关志·固关卷之二·城池》载："娘子关堡城一座，南北门二座。"按照娘子关建筑布局推定，"北门"可能就是现在的"东门楼"。东门楼位于宿将楼北，只不过门是朝东开的。

南城门匾额"京畿藩屏"。不过，若把明长城上的关隘按照驻兵人数及建筑规模划分三个等级，那么娘子关也就是一个二级关隘，比附近诸多被称为"口"的关隘稍微大一些。明嘉靖《西关志·固关卷之二·军马》称："娘子关常守军二十名。"明万历《四镇三关志·真保镇形胜·乘障》称："娘子关口堡城一座，极冲。"或许因为关名特殊，后来又与平阳公主扯上关系，在民间的知名度这才大了一点。

现在的娘子关真该正本清源了。不过撇开史实，把平阳公主供奉在宿将楼，让她守关卫城，福佑百姓，似乎也是合情合理的。

娘子关宿将楼平阳公主塑像（2017年5月摄）

固　关

固关,因故关移址建新城而得名,位于山西省平定县新关村。

固关地形(2017年5月摄)

明嘉靖《西关志·故关卷之一·沿革》载:"故关,古井陉口。""前代建置莫考。国朝正统二年,于井陉南界平定州地方,创筑城垣。防守军官,隶于真定。因其旧为关隘,名曰故关。"

明嘉靖时,为加强故关防守,又在故关西南建新城,新城即固关,亦称故关新城。原先的故关仍称故关,亦称故关旧城。

清光绪《平定州志·城池附关梁》载:"固关,在州东八十五里,详见甘桃口。""甘桃口,在故关西南十五里,明嘉靖间太原不靖,建立新固关,设守卫千户一员。"

固关关楼为门楼式建筑,创建于明嘉靖二十一年(1542),2001年修复。关楼楹联为:

河山里表连三晋，

燕赵襟喉控七雄。

北望雁门千里近，

长城锁断万峰青。

固关关楼（2017年5月摄）

第一副楹联款识"白岩山人乔宇"，实为今人从乔宇《故关》诗中摘句仿写而成。乔宇写作这首诗时还没有异地重设"固关"一事。

乔宇（1464—1531），字希大，号白岩山人，明平定州乐平县（今山西省昔阳县）人。明成化进士，授职礼部主事。弘治中，擢太常少卿。正德时任南京兵部尚书。嘉靖初为吏部尚书，嘉靖三年（1524）致仕。后被朝廷革职，病死家中，隆庆初追谥庄简。其诗文雄隽，隆庆五年（1571），王世贞刊《乔庄简公集》十卷。清光绪《平定州志·艺文中》(卷之十三)收录乔宇《故关》等诗多首。

第二副楹联款识"题平定固关长城，二〇〇〇年十月，罗哲文"。

关楼匾额一为"固关"二字，其款识亦为"罗哲文"。这一匾额还用上了引首章，其印文为"庚辰"二字。

关楼另一匾额为"锁燕蔽赵"，款识"公元两仟龙年，平定王谦"。"公元两仟"即公元2000年，这年为农历庚辰年，俗称"龙年"。

其实，明朝嘉靖时巡按西关御史王士翘已经题写过"固关"匾额，这一匾额即固关关楼石刻匾额。现存的这一匾额，其上凿痕累累。不过，劫后余存的"固关"二字及款识中的"王士翘书"仍能隐显出来。

"固关"匾额(2017年5月摄)

此外，王士翘还曾题写过一首《固关旧以故名今改固云》诗：

> 万山深锁固关城，云绕岑楼景更清。
>
> 玉凳临堤开两鉴，旌旗斜日照孤营。
>
> 井陉犹自夸天险，背水还堪拥汉兵。
>
> 秋到人间空抒袖，坐看沙漠一犁平。

故关新城启用后，名之为固关，但是这里的指挥机构，在编制上仍然以"故关"称之。明嘉靖时，为便于统领龙泉关至故关一线拒守，故关参将署移驻真定府（今河北省正定县）。

龙泉关、娘子关、故关归属故关参将署辖，隶属真保镇。明万历《四镇三关志·建置·真保镇建置》载："嘉靖二十九年设总兵镇守三关，为真保镇云。"真保镇总兵府驻保定（今河北省保定市）。

真保镇所辖的紫荆关、倒马关、故关及昌镇所辖的居庸关，因位于京畿之西，故统称西关。明嘉靖《西关志》记述的就是这些关隘，其编纂者是王士翘。

王士翘，生卒不详，字民瞻，号吾厓山人，江西省安福县人。明嘉靖十七年（1538）进士，曾任直隶监察御史、都察院右副都御史，总督河道。嘉靖二十六年（1547），王士翘出任巡按西关御史。

按照惯例，每任巡按历时一年结束，然后造册画图，向朝廷汇报工作。常言道，没有调查就没有发言权。王士翘身历其境，不但调查研究，还参与筑城卫戍等重大事项。在这种背景下编纂的《西关志》，其史料的真实性，应该是非常靠谱的。

故关所辖的长城亦称内边或内长城，其走向则是沿着太行山脉，自北而南，经由龙泉关而终止于"数道岩口"。

明嘉靖《西关志·故关图论》称，"故关所辖，北起龙泉，南尽沙河，相去几六百里"。明嘉靖《西关志·西关志图》所标记的最后一个关口为数道岩口。

2011年，文物出版社出版的《河北省志·长城志》载，数道岩口"位于今河北省武安市天阳郫村南沟山庄东约1.5公里处与沙河市分界处"。

故关所辖的内长城大多据险而筑，并不衔接，在要冲之地修筑的关城及两侧起伏的长城，则是这段内长城最为明显的标志。

清康熙时，于成龙曾途经固关并赋诗一首：

行行复过井陉口，白发皤皤非旧颜。
回首粤川多壮志，劳心闽楚少余闲。

钦承帝命巡畿辅，新沐皇恩出固关。

四十年前经熟路，于今一别到三山。

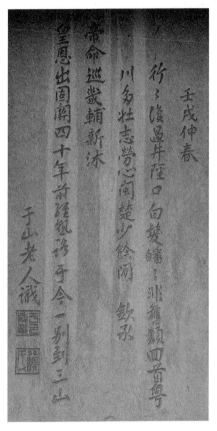

固关于成龙诗碑（2017年5月摄）

于成龙（1617—1684），字北溟，号于山，别署于山老人，山西永宁（今吕梁市方山县）人。明崇祯副榜贡生。清顺治十八年（1661）授广西罗城知县，时年45岁。康熙十七年（1678）任福建按察使，康熙十九年（1680）晋直隶巡抚，旋迁江南江西总督，卒于任上，谥清端。《清史稿·于成龙传》载，康熙帝曾言"朕博采舆评，咸称于成龙实天下廉吏第一"。

现在固关关楼前的那尊人物塑像，即于成龙塑像。

固关关楼前的于成龙塑像（2017年5月摄）

清朝时的固关尚有防守。1992年，社会科学文献出版社出版的《平定县志》载，固关"清初改设守备，康熙年间增设参将一员"。

后来，固关的军事作用逐渐淡去，由关城变成了普通村落，名之为新关村，原先的故关，亦即故关旧城，或称旧关，所形成的村落则名之为旧关村。新关村、旧关村均隶属平定县娘子关镇。

1986年，"明长城遗址（新关村段）"被列入山西省重点文物保护单位。

平型关

平型关,古称平刑关。因此地有平刑岭,故名。"刑"通"型",后来才将"平型关"作为标准地名。

平型关由关堡和关口组成。关堡即今山西省繁峙县平型关村所在地。关口也就是平刑岭上的一个隘口,位于山西省繁峙县与灵丘县交界处。

"平型关村"影壁(2017年5月摄)

明朝时的平型关隶属山西镇。在明万历《宣大山西三镇图说·山西镇图说·山西雁平道辖北楼路图》中,将这里的关堡标注为"平刑关堡",关口标注为"平刑岭"。

"平刑关堡",在明万历《宣大山西三镇图说·山西镇图说》中的"平刑关城"图说中,又标注为"平刑关城",并称"本关正德六年建土城,嘉靖二十四年重修,始称关。万历九年砖包,周二里五分,高三丈。设守备一员,所领官军七百六十二员名,马骡二百匹头。分管内边一百二十四里零九十丈,边腹墩台四十四座,砖楼七座,与所辖团城、太安、车道、平刑岭四堡把总画地守之。本关外通畿辅,内达省会,东路之门户,全晋之咽喉也"。

"平刑关堡"("平刑关城",今平型关村)北门(2017年5月摄)

明天启时再一次增修"平刑关城",其北门《天启七年分议修》碑载:

"散委防守胡忻,分管东南起迤北至西门止,砖漫城顶,共长二百二十九丈。里面土筑、外面砖石包砌北瓮城二十五丈。建盖大城楼一座,小角楼二座,铺房三间,东面敌台二座。""散委提墩把总刘安,分管东门迤南起至西门止,砖漫城顶,共长二百二十九丈。里面土筑、外面砖石包砌南瓮城二十五丈。建盖大城楼一座,小角楼二座,南门外卧羊台一处,城周围凿补大小裂缝四十七处。"

"平刑关堡"("平刑关城",今平型关村)北瓮城城门(2017年5月摄)

"平刑关城"至关口,按照现在公路里程计算约是2.5公里。清光绪《繁峙县志·建置志》载:"旧志平刑岭口去关城三里有堡。""三里"指的是经由古道至"平刑关堡"的里数。

在清康熙《山西通志·图考·山西边关图》中,原来的"平刑关堡"被标注为"平刑堡",也就是现在的平型关村;原来的"平刑岭"则被标注为"平刑关"。

平刑岭地形(2017年5月摄)

"平刑岭",在明万历《宣大山西三镇图说·山西镇图说·山西雁平道辖北楼路图》、清康熙《山西通志·图考·山西边关图》中均绘有"关城"图示。2014

年,三晋出版社出版的《繁峙县志》中亦称其为"关城","周长为550米","两侧长城起伏",关口的"关门坐西向东,门洞用券栱相间的方法筑成,宽2.7米、墙厚2.7米、高4米,门额石匾横刻'平刑岭'3个大字"。

"平刑岭"匾额(2017年5月摄)

平刑岭关楼(2017年5月摄)

这一门洞曾以"平型关"之名得到过特殊保护。1965年,山西省人民委员会在门洞嵌碑,其上镌文称,"平型关"属于"平型关战役遗址","现存之长城城墙与关门洞遗迹,均应妥善保护,不得拆毁"。大概这年才将原先已经坍塌的"关门洞遗迹"进行了简单修缮,并且新制作了一个"平型关"匾额,立在门洞上端。2014年,又开始修缮这一关门洞遗迹,新建关楼,复用"平刑岭"匾额。新建的关楼实则是仿古建筑,参照明长城其他关楼设计施工而成。明朝时平刑岭上的这一关城因岁久圮废,其原貌已经无法考证了。

平型关战役,亦有平型关大捷、平型关战斗之说,盖因所指范围大小有别而得出不同名称。言之战役,包括以平型关为中心的先期防御部署、乔沟伏击战及其他战场的战斗等。言之大捷或战斗,则主要指乔沟伏击战。

1937年9月30日,上海市文化界救亡协会主办的《救亡日报》曾以"本报特讯",刊发《第八路军平型关大捷纪详》。11月24日,陕甘宁特区政府机关报《新中华报》刊发《平型关战斗纪实》。

乔沟是一条通往平型关的大深沟。过去,由灵丘县至太原府(今山西省太原市),途经乔沟则是最为便捷的通道。乔沟段归属灵丘县辖,现在的平型关大捷纪念馆就坐落在乔沟近旁。

"平型关大捷主战场——乔沟"碑(2017年5月摄)

平型关大捷纪念馆(2017年5月摄)

1937年9月25日,日军一支部队沿着这条通道向平型关方向行进,至乔沟进入八路军一一五师伏击阵地。在师长林彪、副师长聂荣臻的指挥下,经过6个多小时激战,全歼日军并缴获大量武器和军用物资。

"平刑关堡"北门,曾经作为八路军进入阵地的标志性建筑而被定格在一张照片中。1965年,在纪念抗日战争胜利20周年之际,这张照片以"新华社稿"发行各地,其背面刊印图注称:"一九三七年'七七'全面抗战爆发,八路军挺进华北,首战平型关,歼灭了日本坂垣师团二十一旅团三千余人,大大打击了日本侵略者的气焰,鼓舞了全国人民抗战的信心。这是八路军挺进平型关。"

现在认定的乔沟伏击战中歼灭日军的数字为一千余人。当年八路军是隐蔽进入阵地的,夜间行军,当时还下了一场秋雨。2014年,三晋出版社出版的《繁峙县志》载,1937年9月19日以后,一一五师由林彪等人率领"经县城、大营进入平型关防区"。

1961年,"平刑关堡"以"平型关战役遗址"之名被列入全国重点文物保护单位。

平型关大捷纪念馆展厅内的塑像(2017年5月摄)

其实,"平刑岭"的"关门洞遗迹",在知名度上也不亚于"平刑关堡"北门。一些表现平型关战场的美术作品,常常将这里作为背景呈现在画面之中。残破的门洞及"平型关"匾额,几乎成了平型关大捷的标志性建筑。1986年,"关门洞遗迹"连同周边的明长城遗址,又以"明长城遗址(平型关段)"被列入山西省重点文物保护单位。

雁门关

雁门关,位于山西省代县境。现在的雁门关已经开发为旅游景区,原先残缺不全的雁门关遗址,经过重建及增添其他景点,早就面目一新了。

雁门关地形(2017年5月摄)

代县古为代州。雁门,传为过雁之门。

2004年,中华书局出版的《永乐大典方志辑佚·太原志·兵防》(第一册)转引《雁门志》称:"秦汉以为北边。代山高峻,鸟飞不越,中有一缺,鸿雁往来。代多鹰隼,雁过被害,惧其门不敢过,呼为巨门。雁欲过此山中,衔芦一枝,然后敢过。鹰隼见而惧之,不敢捕,雁得过山,即弃芦枝。因以名焉。"

在雁门置关卫戍,却是很早的事了。

清康熙《山西通志·关隘》载,雁门关"春秋时属赵,秦为雁门郡,明洪武二年置守御所于雁门"。

明朝为防御蒙古军的进犯,在雁门关重新置关设防,隶属山西镇。明万历《宣大山西三镇图说·山西镇图说》"雁门关"图说称:"李牧备匈奴即此地也。""国初设关于此,盖重之矣。城依山就险,嘉靖间重修,万历二十六年更新砖包,周二里零三百五十步,高三丈五尺。"

李牧为战国时赵国大将,曾驻防雁门关。那时匈奴势力强盛,时常进犯抢掠,李牧镇守北边,大破匈奴。因功封武安君,后遭奸臣诬陷被杀。明正德元年(1506)建庙祭祀。明万历《宣大山西三镇图说·山西镇图说》"雁门关"图说中的李牧庙,坐落于雁门关古道旁,仅为一进院落。

明朝时修建的李牧庙早已湮灭。清咸丰时又在雁门关新建护国镇边寺——这是一座佛教寺院,曾经兴盛一时。其后,历兵燹劫难,仅存遗址。2009年开始重建护国镇边寺,并易名为镇边祠,祀李牧等历代镇边名将。

雁门关瓮城城门(2017年5月摄)

雁门关瓮城城门俗称小北门,其匾额为"雁门关",其楹联为:

三边冲要无双地，

九塞尊崇第一关。

"雁门关"匾额（2017年5月摄）

雁门关瓮城城门楹联（2017年5月摄）

东汉时的凉州、并州、幽州属于边疆之地，三州北部边境线谓之"三
边"，后泛指边疆。"九塞"则是古时候包括句注塞在内的九个要塞，雁门关

古为句注塞。这副楹联款识"傅山书"。

傅山（1607—1684），明末清初山西阳曲（今山西省太原市）人，明亡后，隐居不出。工诗文，善书画，精医术。

雁门关天险门及上面的雁楼为雁门关标志性建筑，这一建筑亦称雁门关关楼。

雁门关关楼（2017年5月摄）

雁门关又号称"中华第一关"，因由时人封号，考其来历，倒不复杂。2005年，山西经济出版社出版的《雁门关》载，山西省的一位在校大学生"论证了'雁门关是中华第一关'的新文化论点"，然后报呈北京一位长城专家，这位长城专家欣然题字。2004年，"中华第一关"这一金字匾被旅游界人士悬挂于雁门关的关楼上。

"中华第一关"匾额款识"罗哲文"。

在雁楼上,除了"中华第一关"匾额外,还有一个"雁门关楼"匾额,款识"一九八九年秋月,张一书"。既然雁门关瓮城已经修复了"雁门关"匾额,那么"雁门关楼"这种类似门牌的匾额,也就没有实际意义了。

2010年,山西古籍出版社出版的《雁门关志》载,明朝以前的雁门关建筑均不复存在,且无迹可寻;明朝雁门关仅存部分遗址,2009年以来,已经部分恢复和再现了雁门关在明朝"全盛时期的历史风貌"。

20世纪初期,天险门上的雁楼还是存在的,后来被毁了。《雁门关志》称其毁于1937年。1984年,邓小平题写了"爱我中华,修我长城"。此后,重建明长城成为一种趋势。《雁门关志》又载,1989年,在邓小平这一题词的号召下,"社会各界捐款修复了雁门关关楼"。

这次修复的雁门关关楼,实际上是在天险门上新建了一座雁楼。这座雁楼不知从何处仿制而来。古时候建造雁楼,首先考虑的是军事防御功能。现在新建的雁楼,巍峨凌空,在观瞻性上,更胜一筹。古时候的雁楼为备战而建,现在重建雁楼,则是为了打造旅游景区中的一个景点。

1986年,"雁门关"被列入山西省重点文物保护单位。2001年,又以"代县长城雁门关段"之名被列入全国重点文物保护单位。

宁武关

宁武关遗址,位于山西省宁武县城。清康熙《山西通志·关隘》载,宁武关"为古楼烦地,明正统初年因旧名立关"。

"旧名"指的是宁武。"宁武"最初或名宁武寨,唐朝时曾置宁武军。明嘉靖《三关志·宁武地理总考》称,元朝时置宁武屯,明为宁武堡,明正统十四年(1449)后"置关屯戍,于是因故名立关"。明景泰元年(1450)筑土城。成化三年(1467)新置宁武关城,第二年竣工。弘治十一年(1498)设守御千户所。明嘉靖时,山西镇总兵府治宁武关。

宁武关历经沧桑。原关城中的"宁武关"城楼早就无迹可寻了,保留较好的建筑,就是关城鼓楼。这座鼓楼始建于明朝,清朝重建,东门匾额"含阳",西门匾额"仪凤",款识均为"光绪辛卯,阖郡重建"。"光绪辛卯"亦即清光绪十七年(1891)。另外,现在的鼓楼又新增添了四个匾额,分别是"楼烦重镇""毓秀钟灵""奎光普照""层霄耸翠",均由李铎题写。

宁武关鼓楼(2017年5月摄)

"含阳"匾额(2017年5月摄)

"仪凤"匾额(2017年5月摄)

清雍正三年(1725)在宁武关城设宁武府,辖宁武、偏关、神池等县,宁武府署、宁武县署均在宁武关城。民国初年撤销宁武府,保留宁武县,并一直延续到今天。

在距宁武县城北10多公里处有一村落,名为阳方口,现为阳方口镇所在地,归宁武县辖。明朝时在这里设阳方口堡,亦称阳方堡,或称阳房口堡。明嘉靖《三关志·宁武地理总考》载,明弘治十一年(1498)建"阳房口堡"。

明万历《宣大山西三镇图说·山西镇图说》"阳方堡"图说又称,阳方堡"于嘉靖十八年土筑,万历四年砖包,周二里零八十步,高三丈五尺"。清乾隆《宁武府志·城池》称阳方堡筑于明嘉靖十八年(1539)。清乾隆《宁武府志·山西镇图说·阳方堡图》为其标注"新堡"二字。

由此推定,在新堡之前很可能创建过旧堡。旧堡,应该是明弘治时创建的阳房口堡。

现在的阳方口堡仅存遗址,重建的北门城楼,其匾额为"宁武关"三字,款识"庚寅年冬,傅全有"。不过,这一匾额有些特殊,"宁"为繁体字,"关"用的却是简化字。如此题写匾额,也算聊备一格吧!

阳方口堡北门城楼(2017年5月摄)

当地民间曾言:"宁武关在阳方口,不在宁武县城。"这种说法,应该源于重建的阳方口堡北门城楼匾额。

明朝时宁武关是一座关城的名称,阳方口隶属宁武关。虽然阳方口素有"宁武要冲""宁武门户"之称,但所处关隘之名仍然是阳方口。阳方口建有规模不大的"关城",因此称之为阳方口堡。明万历《宣大山西三镇图说·山西镇图说》"宁武关"图说称,宁武关守备"分管内边沿长四十里零四十五丈,边墩五十二座,火路墩二十五座,与所辖朔宁、阳方、狗儿涧三堡防守把总画地守之"。

宁武关遗址除了那座鼓楼外,在城内还残留着一些夯土版筑城墙。近年来,又在原城墙遗址上新修了一段砖包城墙。2011年,又将山西镇总兵官周遇吉及一些守城将士的塑像立在这一城墙外侧。那架势就是布阵对敌哩!

宁武关城墙遗址（2017年5月摄）

宁武关周遇吉塑像（2017年5月摄）

明崇祯二年（1629），陕西省米脂县人李自成率众起义。崇祯十七年（1644），李自成在西安组建政权，国号大顺，改元永昌。同年，李自成统兵百万直逼明朝京畿，先是攻占太原府（今山西省太原市），接着围攻忻州、代州（今山西省代县）。山西镇总兵官周遇吉在代州督战，企图阻止李自成攻破雁门关。周遇吉在粮尽援绝之时，被迫退至宁武关城。农民起义军尾随其后，紧追不舍，几经交战，攻破关城。周遇吉在拒守关城中被俘且丢了性命。

宁武关失守，农民起义军势如破竹，夺朔州，奔大同府（今山西省大同市），大同镇总兵官姜瓖缴械投降。宣府镇效仿大同镇。居庸关则敞开关门迎接农民起义军入关。京畿失守，明崇祯帝上吊身亡。从此皇极殿易主，大顺永昌帝李自成成了这里的主人。

关于周遇吉之死，清顺治时太原府中路管粮同知刘玉瓒，在为周遇吉撰写的《总镇周公墓表》碑文中称，李自成"以二十万众"围攻宁武关城，城破，"兵民自相蹂躏而不复固也"，周遇吉"缒城语贼以'誓守斩贼头，皆将令，无与民'，贼歆以官爵，胁以刀刃，骂不绝口"。"公缒城出，自成犹立起礼公，公骂贼不屈，乃遇害"。

《明史·周遇吉传》又载："官军力尽，城遂陷。遇吉巷战，马蹶，徒步跳荡，手格杀数十人。身被矢如猬，竟为贼执，大骂不屈。贼悬之高竿，丛射杀之，复脔其肉。"

显然，这里对周遇吉之死的描述，一是赞其"义"，即一人舍身，试图保全关城更多人的性命；一是褒其"忠"，即忠于朝廷，誓死守城。

清乾隆十三年（1748），李天根以"抽绎《明史》为经，撷拾野史为纬"，编写了《爝火录》一书。该书"卷七"也记载了周遇吉之死，其中写道："遇吉缒城下，大呼：'我周都督也。'自成起，揖曰：'大同、宣府，愿以累公。'遇吉大骂，自成胁以刃，骂益厉。贼悬之高竿，丛射杀之，复脔其肉。"

周遇吉死后葬于宁武关城东门之外。清初褒扬故明节烈，为周遇吉修墓建祠。清咸丰七年（1857），周遇吉墓迁址今宁武县火车站旁。1997年，迁至城北华盖山麓，2011年重修。

在原城墙遗址上新修的砖包城墙属于宁武县栖凤公园的组成部分。宁武县城南接凤凰山，因此宁武县城又有"凤城"之称。城北的华盖山为宁武县城的制高点，1991年在华盖山新筑一阁，名凤鸣阁，为栖凤公园的核心景点。

明万历二十二年（1594），曾在华盖山筑护城墩。清康熙《山西宁武守御所志·墩堠》载，这座护城墩"在城北高岗，共二层，高连女墙七丈，周围二十八丈，俱砖包，内券洞五十八孔，顶建砖楼三间，于康熙二十二年十月初五地震塌毁"。清乾隆《宁武府志·山川》又载："华盖山，郡北倚郭山也，俯瞰城阴,一峰特秀,形若华盖。明时筑护城墩楼于上,刘养志有碑记之,墩名'永宁',筑于万历甲午岁。"

关名与墩名合起来就是"宁武永宁"。不过永宁墩的名称远远没有"护城墩"通俗上口,久而久之便形成了一个新地名——护城墩。这一地名在当地家喻户晓,甚至将华盖山的名称都给掩盖住了。当初筹建公园时,为何不沿用"护城墩"这一历史地名呢?

明万历二十一年(1593),魏允贞任山西巡抚。清乾隆《宁武府志·城池》称这一护城墩系"巡抚魏允贞所使也"。

1986年,"宁武关"被列入山西省重点文物保护单位,其文物保护标志碑就立在宁武关鼓楼旁。因此,这座鼓楼也成了宁武关遗址的标志性建筑,甚至被"不明真相的群众"误认为这就是当年的宁武关关楼。毕竟,宁武关的辉煌时期在明朝,明朝的那些事儿,在今天看来已经非常遥远了。

"宁武关"文物保护标志碑(2017年5月摄)

偏头关

偏头关又名偏关,现为山西省偏关县城所在地。原先的关城设南门、东门、西门,其匾额分别为"晋北锁钥""文明启瑞""永镇边陲"。现存南门城楼匾额"偏头关",款识"胡富国题"。南门城楼《施工碑志》碑载,1997年3月18日,重修南门城楼正式开工,"历时二年零八个月",1999年11月18日竣工。

偏头关南门城楼(2017年5月摄)

明朝时的偏头关隶属山西镇,即太原镇。《明史·兵志》载:"太原镇总兵治偏头。"明万历《宣大山西三镇图说·山西镇图说》"偏头关"图说又称:"本关洪武二十三年建设土城,宣德、天顺、成化、弘治年间节次展拓,万历二年砖包,周五里零三百一十八步,高三丈五尺。初设守备一员,嗣设副总兵一员及守御千户所。""嘉靖二十一年改副总兵为总兵移镇宁武,以老营参将改驻本关,隆庆三年移岢岚兵备道驻扎于此。"

明长城在北京市境内的火焰山分成两路:一路经山西省天镇县、内蒙古自治区清水河县,至偏关县黄河岸边的老牛湾堡,这一路长城被称为外长城。另一路被称为内长城,从火焰山起,经居庸关、紫荆关、倒马关、平型关、雁门关、宁武关及偏头关防区,终于丫角山墩。丫角山系内蒙古自治区清水河县口子上村村北的一座山,其上的丫角山墩,在明朝时归属大同镇辖,为大同镇与山西镇的界墩,也是偏头关东端长城的起点。丫角山南与偏关县柏杨岭接壤,外长城、内长城在柏杨岭交会。清道光《偏关志·山川》载:"柏杨岭在关东百里,昔多柏杨,故名。"

明弘治二年(1489),在柏杨岭建柏杨岭堡。嘉靖二十三年(1544),在柏杨岭修筑内长城。柏杨岭堡位于内外长城交会处南侧。柏杨岭堡东今为柏杨岭村。因山上缺水,明万历二年(1574),柏杨岭堡移址今教儿墕村重建,仍然沿用旧名。

明内长城上的关隘又有内三关、外三关之分。清初顾祖禹《读史方舆纪要》卷十载:"国家以雁门、宁武、偏头为外三关,而居庸、紫荆、倒马为内三关。"

在外三关中,偏头关处于最前沿,边外为蒙古部落驻牧区。因此,那时在偏头关建设防御工事,相比宁武关、雁门关而言更是重中之重。

明朝设偏头关后,曾在关北60公里处筑藩篱边墙,谓之大边,东接大同镇崖头墩界,西抵黄河。明成化二年(1466),总兵王玺修筑偏头关二边,其后重修。明嘉靖、隆庆、万历时亦曾多次增筑或重修。二边亦称外边,在关北30公里,也就是偏头关现存外长城遗址。正德九年(1514),在关东北修筑三边。嘉靖八年(1529),总兵李瑾续建。正德十年(1515),又在关南修筑四边及罗汉坪堡。偏头关西为黄河边,北接老牛湾堡,南至石梯隘口。边关重隘,如此设防,可谓固若金汤。

清康熙《山西通志·关隘》将偏头关称为"偏关",因其地"东连丫角山,西逼黄河,与套一水之隔,东仰西伏,故名偏头。宋南渡后属金,元为关,明因之以时增修",比雁门、宁武二关尤为险固。

明正德十三年(1518),当朝皇帝朱厚照巡边时曾驻跸偏头关兵备道署。这一衙门在关城鼓楼之北,原为太监府。宣德初偏头关设太监提督军务,其后裁撤。相传朱厚照驻跸太监府时,偏头关镇守太监特地找来一位歌女陪伴。朱厚照一见倾心,当即赋诗:"野花偏有色,村酒醉人多。"

明末清初钱谦益在《列朝诗集小传》中也提到了朱厚照,称"野史载,上幸宣府,制小词,有'野花偏有色,村酒醉人多'。盖天纵圣神,言语文字之妙,信不关学问也"。这一诗句的源头,一说在偏头关,一说在宣府。传说和野史不足为证,权当笑料罢了。

现在的偏头关,除了南门城楼外,又重建了鼓楼、财神阁、护城楼。原先的护城楼实际上就是一座敌台。为战备计,这样的护城楼,通常在楼顶四周垒砌垛口墙,顶上建有铺房,供守城官兵居住。2013年落成的护城楼,雕梁画栋,凌空巍峨,现为偏关县博物馆展厅,重建的护城楼也只是沿用旧名而已。

偏头关护城楼(2017年5月摄)

1986年，"偏头关"被列入山西省重点文物保护单位。其实，单就偏头关关城而言，南门城楼向西折北的一段城墙，才是真正的老建筑。

偏头关城墙（2017年5月摄）

嘉峪关

清嘉庆《大清一统志》卷二百八十七载:"嘉峪关,在州西七十里,嘉峪山西麓,明初置。洪武五年,冯胜下河西,乃弃瓜沙,以嘉峪关为中外巨防,西域入贡,路必由此。土城周二百二十丈。宏(弘)治七年,扁关曰'镇西'。嘉靖十八年,修筑近关边墙。隆庆二年,设守备驻防。本朝康熙十三年,改设游击。"

嘉峪关,位于甘肃省嘉峪关市郊区。这里处于祁连山与黑山之间,河西走廊至此形成瓶颈,最宽处仅有十几公里。这一带水源充沛,且据险可守,冯胜将关址选在这里,占尽地理优势。

冯胜(?—1395),元末明初定远(今安徽省定远县)人。曾结寨自保,后投奔朱元璋,甚得信用,以战功迁右都督,明洪武初又以战功封宋国公。洪武五年(1372)任征西将军,出征甘肃及河西,大败元军。洪武二十年(1387)任征虏大将军,平定辽东地区,降元将纳哈出部20万人。洪武二十八年(1395),因涉案被朱元璋赐死。

嘉峪关冯胜塑像(2017年4月摄)

1990年，甘肃人民出版社出版的《嘉峪关市文物志》载，嘉峪关关城由内城、瓮城、罗城、外城等构成。"内城有东西二门，东门上楣刻'光化门'，西门上楣刻'柔远门'"，"二城门之上均建有城楼"，"为三层三檐木结构的歇山顶式建筑"，"第二层的明柱之间有木格花栏杆环绕。……第三层四周为木格花窗"。戍关衙门守备司以及后来改设的游击将军府即在内城之中。内城东西二门外均设瓮城，"门楣分别题'朝宗'（东）和'会极'（西）"，"两瓮城门顶台上均建阁楼"。"在西瓮城西墙外20米处筑一道凸形城墙，其南北两端均与外城墙西端连接（外墙又与长城连接），构成西侧外城。这部分城圈叫罗城"。罗城之门即嘉峪关关门，为关城的正门，又称西城门。古时候，这里是进入嘉峪关的第一道城门。"关城的东、南、北三面有黄土夯筑的围墙，称外城"。

嘉峪关内城光化门城楼（2017年4月摄）

嘉峪关内城（2017年4月摄）

嘉峪关长城（2017年4月摄）

罗城通常在瓮城之外围。嘉峪关的"罗城"与"外城"，通过夯土版筑城墙相连接，将内城全部围住，形成双重壁垒。而外城又与长城连接，形成南北走向的一道屏障，将河西走廊阻隔起来。

要谈嘉峪关，不说说"一块砖"的故事，似乎是有些缺失的。这个故事有多种版本，其大意是：明朝修筑嘉峪关时，主事工匠事先精确报出了建筑用砖的数目，谁知在关城竣工后却多出了一块砖，由此遭到官府追责。主事工匠不得不为自己辩解称："这是一块定城砖。"

大概为了强调这个故事的真实性,在西瓮城会极门城楼后檐台上,至今还存放着一块砖哩!

嘉峪关西瓮城会极门城楼(2017年4月摄)

嘉峪关关城的主要建筑,从光化门、柔远门匾额款识中的年号推定,应该是清乾隆时重建。清朝一统天下,乾隆盛世,此时的嘉峪关在军事防御方面已经没有多大意义,而戍守此关的衙门,其实就是一个现代意义上的往来两地人员管理机构,同时对进出内地的商贸往来征收关税。

清朝至民国,嘉峪关内城、外城及"关下"陆续迁来一些常驻居民,他们在此经营店铺,或从事其他商业活动。这一时期,内城、外城还兴建了一些庙宇,供奉各路神祇。2006年,甘肃文化出版社出版的《嘉峪关史话》载,1942年,蒋介石来到嘉峪关,"他下令修建兵营,拆除关内大部分庙宇和民用建筑",让在关内居住的老百姓迁至关下,"集结小镇"而居。《嘉峪关市文物志》又载,1943年秋,"嘉峪关城内庙宇大部被拆除,民房全部被拆除"。

嘉峪关西城门上的匾额为"嘉峪关"三字,惜没有款识,不知何人何时所题。这座城门的城楼,民国时曾被拆除。1936年,正中书局出版的《西北揽胜》载:"城西为关之大门,城楼于民国十三年为三十六师马仲英部所拆毁。"《嘉峪关市文物志》又称,1931年,"西北军阀马仲英所部在嘉峪关住,一度焚掠西罗城上'嘉峪关'楼,'天下第一雄关'匾额丢弃"。

"嘉峪关"匾额(2017年4月摄)

"天下第一雄关"匾额,最初由左宗棠题写。清同治五年(1866),左宗棠任陕甘总督,其后组织修缮嘉峪关关城。同治十二年(1873),左宗棠题写了这一匾额。

"天下第一雄关"匾额(2017年4月摄)

现在的"天下第一雄关"匾额易为光化门城楼匾额,款识"赵朴初书"。

赵朴初曾任全国政协副主席、中国佛教协会会长。1992年,赵朴初偕夫人游览嘉峪关。1995年,赵朴初为嘉峪关题写了这一匾额。

现在的嘉峪关西城门城楼,或称嘉峪关关门城楼,实则是仿古建筑。《嘉峪关史话》记载,1987年始建嘉峪关关门城楼,1988年竣工,"是按照文献记载和现在柔远楼的式样修建的",关楼"雕梁画栋,光彩夺目"。另外,为保护"天下雄关"碑,1987年还新建了"天下雄关"碑碑亭。

"天下雄关"碑(2017年4月摄)

这通"天下雄关"碑,曾被立在嘉峪关西城门外路旁。

清道光时,林则徐因禁烟被遣戍伊犁(今新疆伊犁州),途经嘉峪关出关,他在《荷戈纪程》中写道:"昨夕,司关官吏来问所带仆从及车夫姓名,告以人数。今晨起行,余策马出嘉峪关。先入关城,城内有游击、巡检驻扎。城楼三座,皆三层,巍然拱峙。出关外,见西面楼上有额曰'天下第一雄关',又路旁一碑亦然。近关多土坡,一望皆沙漠,无水草树木。稍远,则有南、北两山,南即雪山,北则边墙,外皆蒙古及番地耳。"

其中的"额曰'天下第一雄关'",应该是"额曰'天下雄关'"。"又路旁一碑亦然"中的"碑"指的就是"天下雄关"碑。

清道光三十年(1850),林则徐去世,同治十二年(1873)才由左宗棠题写"天下第一雄关"匾额。《荷戈纪程》刊印于光绪三年(1877),所谓的"额曰'天下第一雄关'"应该是后人勘校时所改。

　　林则徐看到的"路旁一碑",现在已经被迁至嘉峪关外城,并再一次新建碑亭予以保护。现在立于嘉峪关西城门外的"天下雄关"碑,实为新仿品,或许称为"天下雄关"新碑更合适。这通新碑款识"嘉庆十四年孟春,肃州镇总兵官李廷臣书",由嘉峪关巡检及"游击熊敏谦,千总柯芳、马兴信刊立"。

"天下雄关"新碑(2017年4月摄)

　　嘉峪关外城的关帝庙始建于明正德元年(1506),清嘉庆十二年(1807)重修,供奉三国时蜀汉大将关羽。关羽被后世尊称为关圣帝君,亦称关帝、关公。关公以"忠义"著称,因此关公也是守关将士的榜样。关公又被奉为武财神,在民间具有广泛的信众基础。清"光绪十年仲冬,邵阳魏炳蔚敬献"嘉峪关关帝庙一副楹联:

时雨助王师,直教万里昆仑,争迎马迹;
春风怀帝力,且喜十年帷幄,重抚刀环。

　　关帝庙正对面为戏台。旧时的嘉峪关,每逢节日总会请来戏班登台唱戏,愉神悦人,着实要热闹一番。这座戏台上有一副砖雕楹联,惜没有款识,不知何人何时撰写。其联为:

离合悲欢演往事,

愚贤忠佞认当场。

明朝在嘉峪关关外设有赤金蒙古卫、罕东卫、罕东左卫、安定卫、阿端卫、曲先卫、哈密卫。这些卫治也在明朝掌控之中，但性质上属于林则徐所称的"番地耳"，再加上天高皇帝远，时常闹些事端。尤其是土鲁番王，不但侵占关外大片土地，还进犯关内，危及肃州（今甘肃省酒泉市）。明正德十一年（1516），土鲁番王满速儿率万余骑突破嘉峪关，游击将军芮宁出兵应战，因敌众我寡，芮宁及所属将士全部阵亡。

为保障关内安全，明朝对嘉峪关及近关长城的建设与守护，从来就没有懈怠过。即便是这样，还有被攻破的时候哩！

明清时期的嘉峪关地属肃州（今甘肃省酒泉市）。在卫戍方面，明长城嘉峪关归肃州卫，肃州卫又归甘肃镇管辖。甘肃镇设立于明洪武时，总兵府驻甘州（今甘肃省张掖市）。

清末李德贻《北草地旅行记》载，从嘉峪关"出关外行人，每拾小石子击墙，由上落下，娓娓有声如燕。相传出关燕子不克入关，死化为此石也"。

嘉峪关西城门外为戈壁滩，俯首皆是小石子。1961年，嘉峪关被列入全国重点文物保护单位。若再用小石子击墙，那就是损毁文物了。为了再现这一"奇迹"，现在变通的办法则是用小石子击大石头，也能听到"叽叽""啾啾"的燕鸣声。

游客在嘉峪关关城外乘骑骆驼（2017年4月摄）

三道关

三道关,位于辽宁省新宾满族自治县境,分为苇子峪三道关和后金三道关。

苇子峪三道关地形(2016年8月摄)

苇子峪三道关,曾被当作明长城上的一个关隘——鸦鹘关。

1986年,辽宁人民出版社出版的《辽宁古长城》载,鸦鹘关位于新宾县苇子峪乡三道关村南。

1994年,吉林人民出版社出版的《长城百科全书》又载,鸦鹘关是明长城辽东镇的重要关隘,位于新宾县西南近百里处,"为明成化四年(1468)辽阳副总兵韩斌所建,关门设障三道,故又称为三道关"。头道关在苇子峪乡三道关村南500米处,"关城修至两侧山脊,现存遗址墙高3米,基宽约7米,为方料石包砌,内填夯土而筑。二道关修在两崖对峙的山谷之中,砌石为障"。三道关设在高30余米的石柱旁边。

苇子峪三道关石柱(2016年8月摄)

苇子峪三道关石柱被当地人称为"石柱子"。近些年又在这个石柱子上刻了三个大字——鸦鹘关,算是摩崖石刻,惜无款识,不知何人何时所题。

苇子峪三道关石柱上的"鸦鹘关"摩崖石刻(2016年8月摄)

此地所谓的鸦鹘关,在《长城百科全书》"附录"中却又换了一种说法,称鸦鹘关位于"苇子峪乡三道关村。南北各有关门,早已被拆除,仅存遗址。此关城当地人称为'三道关'。一道关叫小呼伦,二道关叫东石柱子,三道关叫东关门"。

"小呼伦"地名碑(2016年8月摄)

小呼伦现为当地一村庄,其地名碑在村外路口。"一道关叫小呼伦"应该指的就是路口这个位置。此处两山对峙,就地形而言,将一道关设在这里是非常合适的。

三道关曾一度受到重视。1997年,中国长城学会、中华全国集邮联合会还以"鸦鹘关"之名,印发了邮政明信片。苇子峪三道关真的是明长城上的鸦鹘关吗?

2011年,文物出版社出版的《辽宁省明长城资源调查报告》第三章结语称,此次实地调查苇子峪三道关遗址,发现"该遗址不在我们认定的长城主线上,两端并未与长城线相连,而是远离长城墙体,孤悬边外","在遗址周围和附近制高点上没有发现用于传递信息的烽燧遗址,是一座孤立的遗址"，"遗址内及其南侧（内侧）不见诸如关城、居住址等遗存，不见青砖等明代遗物"。

显然，将苇子峪三道关认定为明长城上的鸦鹘关是缺乏充分依据的。新宾旧称兴京，民国《兴京县志·边隘附关》既没有记载苇子峪三道关，也没有记载明长城鸦鹘关，倒是提到了"古关，县南百五十里，相传清初所置，其址不详"。

1987年，苇子峪三道关被列入县级文物保护单位。2004年，新宾满族自治县人民政府，又在三道关村南镌立"苇子峪三道关"县级文物保护标志碑。

"苇子峪三道关"文物保护标志碑（2016年8月摄）

明万历年四十四年（1616），努尔哈赤在其出生地赫图阿拉城（今新宾满族自治县永陵镇老城村）创建大金国，史称后金。

后金三道关就是在后金成立前后建造的，位于赫图阿拉城西，由三重屏障构成，在后金建立和巩固过程中发挥过重要作用。

后金三道关之雅尔哈关，俗称头道关，位于新宾满族自治县木奇镇三道关村。"雅尔哈"为满语,汉译为"豹"。此处是努尔哈赤西去征战的第一个险要之处,故称头道关。这里的关墙为土石杂筑,遗迹尚存。雅尔哈关关名雕塑附近的小庙里供奉着神祇,其中以土地神最为瞩目。

后金三道关之雅尔哈关(2017年5月摄)

后金三道关之雅尔哈关关名雕塑(2017年5月摄)

后金三道关之代珉关为第二关,位于雅尔哈关之西不远处的山岭上,这里的山岭曾名青龙山,现名马尔墩岭。"代珉"也是满语,汉译为"雕"。

努尔哈赤在统一建州女真时,曾多次征战于此。

后金三道关之代珉关(2017年5月摄)

后金三道关之代珉关关名雕塑(2017年5月摄)

后金三道关之扎喀关为第三关,在新宾满族自治县上夹河镇得胜堡村。古时候,由此往西即为明辽东边墙上的抚顺关,往北为海西女真辖区。"扎喀"为满语,汉译为"边"。此处原先的古道从峡谷中穿过,地势极为险要,在此设关,易守难攻。明万历二十一年(1593),海西女真叶赫等九部联军攻打建州女真,努尔哈赤借助扎喀关御敌于外并将其击败。

后金三道关之扎喀关(2017年5月摄)

明万历四十六年(1618),努尔哈赤率部攻破辽东边墙上的抚顺关。后迁都辽阳(今辽宁省辽阳市),又迁至沈阳(今辽宁省沈阳市)。努尔哈赤死后由皇太极即位,至顺治帝时迁都北京,从而取代了明朝。

当年赫图阿拉城的西部屏障——雅尔哈关、代珉关、扎喀关,在后金迁都以后,也就随之失去了战略地位,逐渐成为历史遗迹。清乾隆帝在赴兴京祭祖时经过这里,曾赋诗一首:

第一关名雅尔哈,天闾虎豹雄神州。

第二代珉极险绝,雕鹗到此还应愁。

三关扎喀逮边壤,一成之旅怀前猷。

由来攘外先莫内,始基沮漆多绸缪。

绍世贻统建大业,蓬蒿斩艾躬劳忧。

深根固蒂绵万叶,试看纳绿源长流。

后金三道关在民国《兴京县志·边隘附关》中有详细记载:"头道关即雅尔哈关,在青龙山东、水手堡西,县西八十里;二道关即代珉关,又名大民关,在青龙山上,县西八十五里;三道关即扎喀关,在青龙山西麓,县西百里。按：以上三关均有土垒可稽。"

2002年，"后金三道关"被列入辽宁省抚顺市文物保护单位。

"后金三道关"文物保护标志碑（2017年5月摄）

石岭关

石岭关,位于山西省阳曲县境,因关筑"石岭",故名。唐朝时为阻止突厥侵扰,曾在此设关卫戍。2004年,中华书局出版的《永乐大典方志辑佚·太原志·古迹》载,石岭关旧有戍兵,"唐李播《方志图》谓之石头岭。《唐书·志》定襄有石岭关,是也。为忻、代、武、朔往来之要冲"。

石岭关关城遗址(2017年5月摄)

清道光《阳曲县志·舆地图》载:"石岭关,距城一百里,北至忻州界,有三义庙。"

清道光《阳曲县志·兵书》载,宋、元两朝,也曾在石岭关屯兵卫戍。明初于石岭关"尝筑土城戍守",后来废弃。明万历时,在山西巡抚魏允贞的主持下,改筑石城,"增旧三之一,城门二楼,其上角庐四,又多凿石窟藏冰,以备泉涸,徙太原卒二百人守之"。

清道光《阳曲县志·文徵上·重修石岭关碑记》载,原先的土城因"岁久啮齕,仅一瘠冈",魏允贞提议修筑砖城;太原府知府赵彦认为烧砖需要充足的水源,而"石岭涸泉","环关皆山",不如就地取材修筑石城。这次重修的石岭关,城墙中间由土、石填筑,外砌条石,谓之石城。"始于丙申夏四月,落成于秋九月"。"丙申"即明万历二十四年(1596)。

石岭关现存古碑载,这年修筑石城由"太原前卫镇抚千户朱龙、泽州柳树店巡检司巡检杨萌寅"等人负责施工,动用"各州县修工、千户长、匠作、徒夫共八百八十五名",其中石匠五十名。参加施工的州县,包括山西阳曲县、长子县、壶关县、汾西县、临县、榆社县、武乡县、吉州(今吉县)、平遥县、乡宁县、交城县、石楼县、永和县、岳阳县(今古县)、蒲县、和顺县及陕西西安府白水县。这一古碑的款识为"万历二十四年闰八月吉日"。

清朝时,在石岭关曾设石岭关铺,有铺司三人驻守。

1999年,阳曲县政协学习文史委员会编印的《阳曲县文史资料》(文物专辑)称,石岭关始建年代无考,关城方围1.25公里,原有内、中、外三道门,每门相距约150米,内门洞顶建有观音阁,外门洞顶建有三义庙。1920年,阎锡山修建平遥至忻州公路时将关城拆毁,三义庙尚存遗迹。现仅存中门及部分城墙遗址。

石岭关中门(2017年5月摄)

石岭关城墙遗址（2017 年 5 月摄）

石岭关中门有匾额"耀德"，"万历二十四年岁次丙申闰八月吉日立"，惜款识漫漶不清，不知何人所题。

在石岭关北城墙遗址外尚存一处窑洞式建筑群，当地人称之为金岭寺。

1988 年，山西人民出版社出版的《五台县志》载，山西省五台县人边尔旺，中年热心修路，晚年"皈依石岭关金岭寺承祥师为弟子，后又到雁门关镇边寺受戒，长斋念佛。一九四四年三月十七日，无疾而终，寿八十一岁"。

边尔旺当年礼佛的金岭寺，应该就是现在所存的这一窑洞式建筑群。

石岭关金岭寺（2017 年 5 月摄）

民国初期,山西军阀阎锡山聘请边尔旺监修石岭关路段,大概是在修路的日子里,边尔旺和金岭寺结了缘。待公路完工后,边尔旺就皈依金岭寺了。金岭寺的始建年代不会太久远。清道光《阳曲县志》所记载的石岭关,仅有一座庙宇——三义庙。或许民国初期的金岭寺还是一座不起眼的小庙,边尔旺借助监修公路之机,又将金岭寺扩建了一番。

金岭寺的建筑材料主要是条石,这些条石应该源于石岭关城墙。拆墙筑路,用条石修建寺庙,在那时当属功德无量之举。

现在的金岭寺破旧不堪,"庙内无僧风扫地",但它又不是一座废弃的寺庙。近些年来,当地人又在里面新建了三孔窑洞式佛殿,供奉着三尊佛像,其中一尊是观世音。不过,这里的观世音有点特殊,这里的观世音手握《圣经》,还要研究其他宗教哩!

石岭关金岭寺中手握《圣经》的观世音塑像(2017年5月摄)

石岭关中门一侧的小庙为五道庙,这座小庙依城墙而建,里面供奉着五位齐肩平坐的神祇。神祇的台座,好像也是用城墙上的条石垒砌的。五道庙的门檐上贴着几张"五道将军""神威将军"的横批,另外还有几条偈语及一副楹联。其联为:

秦穆公敕封五道,
汉高祖恩赐将军。

这副楹联嵌"五道将军"名,谓之嵌名联。五道将军是一位主管"天道、人道、地狱道、饿鬼道、禽兽道"的神祇。因统管五道,又名五道神、五道老爷、五道真君,为五道将军建的庙谓之五道庙。

石岭关五道庙(2017年5月摄)

石岭关五道庙里的神祇(2017年5月摄)

民间信仰有很大的随意性,按照民间另一种说法,五道在兄弟五人中排行第五。因种地丰收,感念神祇,于是五道修庙供奉龙神、马神、牛神、土地神。五道修的这座庙亦称"五道庙"。后人仿五道修庙供神的同时，又将五道请进庙中，这样一来，五道庙中就有了五位神祇。

石岭关，现为石岭关村。如今由"五道将军"在此守把，"保佑"全村人，应该是没有问题的。

现存石岭关中门上的碉堡残迹，由水泥和石头构筑，碉堡的修筑有两点可以考虑：其一，1937年，日军占领山西省太原市后，曾在周边及阳曲县境内修筑碉堡；其二，日军投降后，山西军阀阎锡山为阻止解放军进攻太原市，也曾在周边地区大规模修筑碉堡。

石岭关中门上的碉堡残迹（2017年5月摄）

石岭关中门上的碉堡并不是孤立的，它与关城两侧的碉堡、战壕共同构成了一道军事防御工事。当年战事吃紧，为了赶进度，修筑碉堡所用的条石，说不定也是源于废弃的石岭关城墙。

当年在石岭关中门是否发生过战事呢？应该是发生过的。在石刻的"耀德"匾额上，遗存着不少弹痕，其火力之猛，是可想而知的。

永和关

永和关,位于山西省永和县西北35公里处的永和关村,面临黄河,对岸则是陕西省延川县延水关。

永和关地形（2017年5月摄）

清康熙《永和县志·兵防》载,明万历时在永和关设"永和关营"驻防。清康熙时在永和关设"永和关营把总一员,守兵三十名",其中永和关守兵10名,大寨岭、社里村、郭家山、李家畔均为5名。

1935,年中央红军到达陕北后,山西军阀阎锡山为阻止红军东渡黄河,将一个营的兵力布防在永和关至大寨岭。1936,年红军东渡黄河抗日及返回过程中,永和关作为黄河沿岸的一个关津,曾经发挥过重要作用。

2005年,以延水关命名的延水关黄河公路大桥建成通车。至此,往返两岸的渡船方才退出历史舞台。

现在的永和关,其标志性的建筑就是一座用红砖砌成的关门。

1997年《永和关旅游区开发碑记》载,1994年冬,当地县委、县政府作出了开发永和关旅游区的决定,"多方筹资30万元,新建了接待楼、吟诗亭、望河亭、关门、红军崖及摩崖石刻"。

永和关关门（2017年5月摄）

《永和关旅游区开发碑记》碑
（2017年5月摄）

《永和关旅游区开发碑记》碑局部
（2015年5月摄）

新建关门南北两面的匾额均为"永和关"三字。

2014年《修建河神庙纪念碑》称,为搞活经济繁荣市场,"促进旅游事业再发展",当地村民经过募捐,"在永和关大槐树处修建河神庙一座",用来供奉河神。2016年《传统河神庙会纪念碑》又称:"永和关庙会筹委会于农历三月二十三日,在永和关大槐树下举行纪念大会。"

由庙会聚集人气,不失为一项好的招数。

永和关村大槐树及河神庙(2017年5月摄)

永和关庙会由来已久。清康熙《永和县志·市镇》载:"永和关镇,县西七十里,三月会。"

永和关亦关亦村。当地民谣称:"要过永和关,先找白老三。吃上两碗面,送你上渡船。有钱给几个,没钱下次来。"

白老三,当地人说是永和关村的一位举人。

永和关村出过举人,这倒是真的。民国《永和县志·选举志》载,白上贤,永和关人,清道光二十九年(1849)举人,"任北河知县"。白承颐,永和关人,清光绪十五年(1889)举人,"任甘泉知县、热河财政厅厅长、正黄旗汉军副都统"。

关于永和关名称的来历,现在已经很难说清楚了。不过,当地有一个

民间故事,说永和关的名称是这样得来的:

永和县古称狐讘县,永和关原名白虎关。

这年,关里有位姓冯的人考上了榜眼,皇上召见榜眼问话:"爱卿何姓?"榜眼答:"姓冯。"当地口音"冯""红"不分,皇上误以为"姓红",便问榜眼是哪个"红",榜眼答:"'二马'冯。"皇上让榜眼写给他看,榜眼将"冯"字写好呈给皇上。皇上看后问:"此乃冯,怎念红?"榜眼答:"本乡将冯即念红。"皇上听罢,沉吟片刻,当即御批:"冯红不分,以假乱真,赐姓为白,清白做官。"皇上又问榜眼:"家住何处?"榜眼答:"狐讘县白虎关。"皇上说:"寡人为青龙,你却住白虎,白虎斗青龙,江山不安宁,朕将白虎斩,改名永和关。"

从此,这里的冯姓改为白姓,白虎关改成了永和关。

上党关

清光绪《屯留县志·古迹》载:"上党关在县西。汉《地理志》上党郡有上党关。"

上党关地形(2017年5月摄)

现在的上党关仅存遗址,其位置在山西省屯留县摩诃岭。2009年,"上党关遗址"被列入屯留县文物保护单位。2016年,屯留县人民政府在上党关遗址镌立文物保护标志碑,其碑阴镌文称:"上党关遗址位于摩诃岭上,乃上党西部关隘,山腰尚存先秦古道一条,宽3.8米至4.2米,长300余米。山巅现存明清时期驿站一处,驿站坐北朝南,一进院布局,东西16.6米,南北20.95米,占地面积347.77平方米。"

上党关遗址(2017年5月摄)

"上党关遗址"文物保护标志碑（2017年5月摄）

上党是古地名,因地势高,"与天为党",故名。在行政区划上,上党主要指山西省长治市及所辖县区。上党关所在地屯留县即归属长治市辖。

过去,潞安府(今山西省长治市)经屯留县往西至平阳府(今山西省临汾市)的道路,在屯留县内分为北道、南道两条道路。南道从屯留县城往南折西,经过黑家口村,从现在认定的上党关遗址处翻越摩诃岭,然后到达平阳府。

2002年,人民交通出版社出版的《长治市交通志》称,经过摩诃岭的这条道路,在明清时属于屯留县仅次于北道的一条东西支道。民国时北道通过改造,继续发挥着主道作用,南道仍然作为支道保留下来。

汉朝时,上党郡治今山西省长子县西,所设置的上党关,应该是长子县通往外界道路上的一个关隘。后来随着郡治驻地东迁,这个关隘也就弃之不用了。

清光绪《屯留县志·兵防》载,清咸丰三年(1853),"粤逆林凤祥、李开芳、吉文渊等,由平阳窜入县之摩诃岭及良马、丰宜诸镇"。良马即今良马乡,现属山西省安泽县,位于摩诃岭西麓。

这里记载的"粤逆林凤祥、李开芳、吉文渊",实际上是太平天国将领。显然,他们是沿着南道,自西向东,经过良马乡,翻越摩诃岭,然后进入丰宜镇的。而现在认定的上党关遗址则是其必须经过的地方,但是,在清光绪《屯留县志·兵防》中,却没有提及"上党关"。

清光绪《屯留县志·兵防》又载:"在县西南六十里黑家口,营房十间,守兵二名。""在县西南八十里华寨村,营房十间,守兵二人。"

黑家口、华寨村都是南道所要经过的村庄。华寨村现属山西省安泽县。现在认定的上党关遗址位于黑家口和华寨村之间,为什么不在上党关驻兵卫戍呢?或许是上党关已废弃多年了,上党关在当时已经不是设防要地了;或许是上党关另有所指,并不是现在认定的这个地方。

上党关遗址,即便是明清时期的一处驿站,也应该是很久以前的事情了。清光绪《屯留县志·驿传》对此没有任何记载,说明至少在清光绪时,这里就不再设置驿站了。

上党关遗址(2017年5月摄)

其实,当地人对上党关并不了解。他们认为,这个地方原本就是一座废弃的庙宇。至今,在那孔坍塌已久的窑洞里,当地人还习惯性地供奉着一尊关帝塑像,还有一副歌颂关帝楹联的横批贴在窑洞的墙壁上,红纸黑字,"山西一仙"。

上党关遗址中的关帝塑像(2017年5月摄)

上党关遗址残留的这些建筑,或许就是一座关帝庙,同时还兼有客栈的功能。后来,南道上的行人越来越少,又历兵匪劫难,最终成了现在这个样子。

虹梯关

虹梯关,位于山西省平顺县境。

虹梯关(2017年4月摄)

清康熙《平顺县志·关隘》载:"虹梯关在张井里柏木都,县东北。二关俱与河南林县接壤,嘉靖八年夏公建,立有碑铭。"张井里现为张井村,柏木都易名虹梯关村,为虹梯关乡政府所在地。"夏公"是对夏言的尊称。可以说,虹梯关乃至平顺县的建置,都是由夏言创建的。

夏言(1482—1548),江西贵溪县(今贵溪市)人,明正德进士,曾任兵科给事中、礼部尚书兼武英殿大学士。

明正德时,当地人陈卿在青羊里设寨招人,抗击官府。其后,陈卿势力逐渐壮大,危及朝廷安全。明嘉靖七年(1528),朝廷统一部署兵力围剿陈卿。因寡不敌众,陈卿组建的农民起义军以失败而告终。负责这次围剿行动善后事宜的夏言,为防止死灰复燃,遂上奏朝廷,建议在陈卿原先盘踞的地域设置县治,同时在青羊里通往林县(今河南省林州市)的两条要道上设置"二关",即玉峡关和虹梯关。

明嘉靖八年(1529),置平顺县,治青羊里,即今天的青羊镇。

明清时期的虹梯关巡检司设在柏木都,此地距离虹梯关还有10多公里。明清时,在州县关津要隘处均设巡检司,由巡检值守。巡检这一官位的级别并不高,仅为正九品,为知州、知县下属武官。清康熙《平顺县志·巡检》载,顺治九年(1652)至康熙二十八年(1689),历任虹梯关巡检九人,其中一位名叫刘铭的巡检,为山东历城县(今山东省济南市历城区)人,"以文学就吏,康熙十九年任。明季流寇兵火,关基尽废,虎狼出没",刘铭在此"冒险防御,甘贫苦,守清淡,屏私贩,缉奸宄,地方宁谧"。

虹梯关外碑滩村现存夏言撰写的《虹梯关铭》碑,1986年,《虹梯关铭》碑被列入山西省重点文物保护单位。

《虹梯关铭》碑(2017年4月摄)

《虹梯关铭》碑款识"大明嘉靖戊子,贵溪夏言书"。"大明嘉靖戊子"即明嘉靖七年(1528)。其碑文为:

> 玉峡关西来余百里,近蚁尖砦,千峰壁立,中通峭峡,状如风门而小,下则无底之壑。石磴齿齿,盘回霄汉,望之若虹霓然。比岁青羊之寇,凭负以拒汴师者此也。故号洪梯,予易以今名,亦因以关焉,从而铭焉。

> 石崖攀天,仄磴千回。仰干塞明,俯临蔽霾。铁壁勾连,谽谺中开。观者骇魄,行子心摧。亘如长虹,横绝天阶。彼昏者氓,肆其喧阗。爰据培塿,以抗震雷。卒干大刑,亦孔之哀。太行之阿,大河之隈。关门弗严,惟帝念哉。北山有石,南山有材。经之营之,突焉崔嵬。侍臣作铭,以诏后来。

《虹梯关铭》碑文(2017年4月摄)

虹梯关的这条山路,曾谓之"洪梯",亦即"大梯子"的意思。夏言在此设关,"望之若虹霓",因此将关名定为虹梯关。

那时,在平顺县城还有一座为夏言修建的夏公祠。时任华盖殿大学士李时为此专门写了一篇《夏公生祠记》,记述了夏言为创建平顺县而立下的种种"伟绩"。后来,该祠被流寇焚毁而废。

夏言是一个悲剧性的人物。明嘉靖二十一年(1542),因受奸臣严嵩排挤而被朝廷革职,后来复职就位,却又因支持陕西总督曾铣收复河套,再次受到严嵩陷害。嘉靖二十七年(1548),夏言以"死罪"被斩首街头。

现在的虹梯关,实际上是民国初年重建的。关门匾额"虹梯关",款识"民国三年重建"。民国三年即1914年。虹梯关关门看起来并不宏伟,青石垒砌,通高4.5米,宽5余米,券高3.45米,宽2.5米,进深3米多。不过,这里地形险峻,关门在万山之巅,依峭壁而筑,下临深谷。可谓一夫当关,万夫莫开。

"虹梯关"匾额(2017年4月摄)

由平顺县城经虹梯关至林州市的这条古道,原先仅称其为"一小路"。在这"一小路"上,保存最为完好的路段,当属南背阳村至梯根村这一段。目前,这里已经开发成旅游景区,这段古道则以虹梯关古道而名之。

清康熙《平顺县志·八景》载:"张井里东大山中有一小路,通河南林县,山形似壁,势峻如天,路若云梯,俗传鲁班所凿,上有虹梯关。"这"一小路"曾以"虹梯接汉"被列入"平顺八景"。

这"一小路"上的"三通碑",中间一碑款识"乾隆庚戌年戊子月十六日立,王彦登书",碑额"万古流芳"。其他两碑均无款识和碑额。

中间一碑载,清乾隆庚戌年(1790),曾对这"一小路"进行过一次大修,修路的资金由商户及经常行走这"一小路"的周边村民布施而来,尤以商户布施最多。在所列的商户中,"西永顺号施力五千文",长聚砲、万盛店、三和店、源发店、广增号、义盛号等商户"施力"在三千文至三百文之间。

由此推定，那时在贸易往来上，这"一小路"对商户而言是非常重要的。因此，当地人也称这"一小路"为古商道。

"三通碑"制式各异，其勒石年份应该有先后之别。将"三通碑"并列在这"一小路"上，也应该是后人修路时重新布置的。

虹梯关古道上的"三通碑"（2017年4月摄）

2002年，人民交通出版社出版的《长治市交通志》载，1969年至1974年，平顺县修建张苿公路，"工程艰巨，除国家补助30万元外，其余全由虹梯关、苿兰岩两乡人民自力更生、艰苦奋斗5个年头，集体和个人集资所建"。

张苿公路就是张井村至苿兰岩村的公路。这条公路贯通后，经过虹梯关的那"一小路"，也就是现在的虹梯关古道，除了村民上山砍柴、采药、放羊外，基本上再也没人行走了。

虹梯关古道上的放羊人（2017年4月摄）

天井关

清康熙《山西通志·关隘》载："天井关,在泽州南四十五里太行山绝顶,即孔子回辙处。"

明嘉靖泽州知府陈棐,在《先师孔子回车庙解》中称："是关亦两汉三国前所设。"

至于为什么叫天井关,通常的说法是此地原先有三股泉,深不可测,谓之天井,关在井北,故名。所谓的天井,早已湮灭无存,关名却被保留下来,并形成村落,即今山西省泽州县天井关村。

天井关地形(2017年4月摄)

现在的天井关,其标志性的建筑就是村中的一座门楼。实际上,早年这样的门楼属于乡村防御性工事的组成部分,即乡村公共建筑,而并非真正意义上的关隘城堡之关楼。

天井关门楼(2017年4月摄)

这座门楼的位置,过去是村子外围的一个路口,也是进入天井关村的必由之地。门楼为二层,匾额"天井关",款识"光绪戊申梅月上浣,乐安氏立"。

"天井关"匾额(2017年4月摄)

"天井关"三字,指的是天井关村。"光绪戊申梅月上浣",即清光绪三十四年(1908)四月上旬。"乐安氏",应该是建造这座门楼的捐资者。类似的门楼,通常在上层供奉关帝或观世音,祈望能借助这些神祇保佑全村安宁。

在天井关,从古到今有一个人是必须提到的,他就是圣人孔子。天井关的孔子庙,又称文庙、夫子庙、回车庙、回车辙庙,始建于东汉。这里的孔子庙,源自一个历史故事。

春秋时,孔子和弟子乘车去晋国,途经星轺驿,巧遇孩童筑城。这群孩童只顾玩耍,却不肯让路。其中一个名叫项橐的孩童,又以"只有车绕城,而无城让车"为由诘难孔子。孔子见项橐虽小,却有过人之处,于是躬身为师,让弟子绕城而过。快到天井关时,又见路旁黄鼠拱立作揖。孔子叹道:"此地知礼已甚!"遂回车返程。

那时孔子正在周游列国,在这个故事中,一说孔子从卫国去晋国,一说孔子从郑国去晋国。反正,孔子回车的地方,最终都落在了天井关。

实际上孔子回车的地方并不在天井关,而是在卫国的棘津。西汉司马迁《史记·孔子世家》载,"孔子既不得用于卫",便去晋国投奔赵简子,待渡河时,却听到一条消息:赵简子刚刚把窦鸣犊、舜华二人处死。孔子大吃一惊,临河而叹道:"美哉水,洋洋乎! 丘之不济此,命也夫!"至此,孔子打消了去晋国的念头。弟子子贡不解其意,便问孔子。孔子解释说:"窦鸣犊、舜华,晋国之贤大夫也。赵简子未得志之时,须此两人而后从政,及其已得志,杀之乃从政。丘闻之也:刳胎杀夭,则麒麟不至郊;竭泽涸渔,则蛟龙不合阴阳;覆巢毁卵,则凤凰不翔。何则? 君子讳伤其类也。夫鸟兽之于不义也,尚知避之,而况乎丘哉!"

就这样,孔子让弟子掉头回车,原路返程,赶往卫国都城帝丘。

孔子至天井关回车的故事,经世代相传,似乎早就变成了事实。其中的原由,大概与这里的"古辙迹"有关,这里的古辙迹被视为孔子回车的有力证据。明万历时,泽州知府冯瑷还在天井关题刻了一通"孔子回车之辙"碑,款识"知泽州事东海冯瑷立"。

"孔子回车之辙"碑(2017年4月摄)

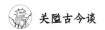

这里的"孔子回车之辙"是真的吗？

"辙"是真的，至今还清晰可见。说这里的"辙"是孔子回车之辙，那就有些牵强附会了。想必冯瑷镌立"孔子回车之辙"碑时也是心知肚明的，此事不便戳穿，那就人云亦云吧！

冯瑷（1572—1624），山东省临朐县人，明万历二十三年（1595）进士。

冯瑷在"孔子回车之辙"碑中署"东海冯瑷"，莫非"临朐"古为"东海"？

在东汉班固《汉书·王子侯表》"临朐侯"中，确实加注了"东海"二字，"东海"指的是"东海郡"。历史上的"临朐侯国"原本归淄川王国，因西汉实行"王国不辖侯国"的政策，临朐侯国划归齐郡辖。当齐郡升格为齐王国后，临朐侯国又迁址东莱郡，同时在齐王国设置临朐县。临朐县从来没有归属过东海郡。显然，冯瑷在款识中署"东海冯瑷"是不正确的。不过，这也不能责怪冯瑷，谬误的根源，应该是《汉书·王子侯表》。

所谓的"孔子回车之辙"，实际上是天造地设。天井关这段路基为山岭岩石，所存辙迹达数道之多，说是行车所至，还真要打个问号哩！再说孔子即使来过，也不可能在岩石上留下这么深、这么多的辙迹啊！对此，明嘉靖泽州知府陈棐在《先师孔子回车庙解》中又称："此不可据以为信也。斯不由于天成，则出于人为耳。……《地志》：沁水西孔山穴洞内，石有车辙。《耆旧传》云，此自然成者，非人功所就也。"陈棐也认为，天井关古辙迹与《地志》所记载的穴洞"车辙"应该是一样的，"不然，则好事者因回车之名而为之也"。

陈棐，生卒不详，河南省鄢陵县人，明嘉靖十四年（1535）进士，官至甘肃巡抚、都察院右佥都御史。清乾隆《凤台县志·艺文》载录《先师孔子回车庙解》。

天井关古辙迹，用现在的科学常识来推定，或许是远古冰川融化时形成的痕迹。这种痕迹类似于天井关古道上的马蹄穴，马蹄穴很可能就是冰臼遗迹。清雍正泽州知府朱樟在《天井关谒回车庙》诗中曾提到马蹄穴："重寻马蹄穴，未敢年月记。惜无千尺松，凉樾阴森翠。"

马蹄穴所在的岩石光滑坚硬，这倒是判定冰臼遗迹的一个重要条件。

古辙迹所在的岩石却布满龟纹,应该是经过长期风化造成的。

天井关古辙迹(2017年4月摄)

2004年,"天井关"被列入山西省重点文物保护单位。现在的天井关已经开发成旅游景区,其中孔子占的分量还是相当大的,单从"天井关孔子回车景区"的名称中,也可以猜出个一二三来。

天井关和孔子攀上关系,若从那个历史故事中的年份算起,可谓源远流长。况且,这里还有古辙迹——"回辙圣迹"来佐证。如今,在景区古辙迹说明牌中又有了新的说法,称古辙迹传为孔子回车时所留,"据考证,车迹距今已有三千五百多年历史",这"是天井关古战场的重要遗迹,也是'万里茶路'晋城段申报世界文化遗产的代表性文物"。

辕辕关

辕辕关,位于是河南省偃师市与登封市交界处的辕辕山上。旧时,从偃师到登封的道路就是从辕辕关通过的。"辕辕"非"轩辕"。轩辕是黄帝的名字,西汉司马迁《史记·五帝本纪》载,黄帝"姓公孙,名轩辕"。因此,这里的辕辕关与黄帝无关。

清乾隆五十二年(1787)《登封县志·山川记上》载,辕辕山"其坂有十二曲,将去复还,故名"。又载"路形若辕而又辕曲",故称辕辕,由此而形成地名辕辕山、辕辕道、辕辕关。"辕辕道凡十二曲,唐高宗如嵩山,凿石开广;宋知县马仲甫悯道险厄,佣民凿平为坦途。其上置关,曰辕辕关,则东汉何进所置八关之一也。""旧志一名崿岭,俗称崿岭口。"

崿岭口亦常写作鄂岭口。明弘治《偃师县志·桥津》载:"辕辕关,一名鄂岭口,在县南五十五里仙君保,跨偃师而带登封。"

正在修缮中的辕辕关(2017年4月摄)

1990年,河南人民出版社出版的《登封县志》载,辕辕关分东、西两处,

"辕辕关东口俗称大口","上置关门,门北额题'古辕辕关'四个楷书大字",关楼在"'文化大革命'中被人扒毁"。

现存"古辕辕关"匾额,款识"乾隆十五年岁次庚午九月穀旦",由"初元方立"。"庚午"即清乾隆十五年(1750)。

初元方,字端厓,生卒不详,山东省莱阳县(今莱阳市)人,清乾隆进士。民国《莱阳县志·乡宦》载,初元方"历任河南泌阳、灵宝、登封、夏邑,四川珙县、内江、遂宁、富顺、宜宾县知县"。

清乾隆十二年(1747),初元方曾参与增补《灵宝县志》,应当地绅士之请,还撰写了一篇序言,称"岁丁卯夏,余自泌阳调任灵邑"。"丁卯"即清乾隆十二年(1747)。这年,初元方自泌阳县调任灵宝县(今灵宝市)知县。其后,初元方调任登封知县,并主持修建了辕辕关。因辕辕关年代久远,遂为之加上"古"字,题写了"古辕辕关"匾额。

正在修缮中的辕辕关(2017年4月摄)

现在的辕辕关布满庙宇,包括九莲宫、安阳宫、万佛殿、药王殿、灵官庙、火星洞,还有无名小庙等。凡是当地人崇拜的神灵,都在这里安家落户了。

其中,九莲宫坐落在辕辕关门洞之上正中。从整体上看,宛如关楼。

如此这般,镮辕关也算恢复原貌了。可是当地的善士们,并没有就此罢休,建庙的热情依然不减。1998年《创修镮辕关庙宇碑记》称:"偃师东沟村村民力倡修关建庙之议……自八八年始修九莲宫后,于九五至九七年连续奋战三载,相继建成了安阳宫和万佛殿,同时曹河村善士王明楼又率众将通往关上羊肠小道拓宽为车行道,并加宽了殿前阅台,九八年春全工基本告竣。"

镮辕关上的庙宇(2017年4月摄)

镮辕关旁小庙里的神祇(2017年4月摄)

也就是说,善士们修完了九莲宫,又修建了安阳宫。善士们还为九莲宫、安阳宫加宽了殿前阅台并加盖了前廊,九莲宫、安阳宫变成了一排"出厦"的房子。

九莲宫,供奉九莲母。2016年《重修九莲母法身功德碑记》称,九莲母是道教十二老母中的一位神祇,"以降妖除魔、惩恶扬善而闻名于世,东汉初年,辕辕古道开通以来就一直坐镇此地,神灵之功惠及千家万户,功德无量,香火旺盛"。

辕辕关,现为神祇聚集之地。由偃师市经过辕辕山至登封市的公路,虽然早就绕开了辕辕关,但还是以险峻著称,原先是"十二曲",现在是十八盘。

函谷关

　　历史上的函谷关,曾经先后设置在两个地方,但一脉相承,都叫函谷关。后人为了叙述上的方便,根据建关先后,分别称其为秦函谷关、汉函谷关。

　　最早的函谷关,即秦函谷关,在河南省灵宝市北。此地建关,可上溯东周,由战国时秦国设立。东周分春秋、战国两个时期。春秋时,周王室形同虚设,其势力范围逐渐缩小。战国时,诸侯国相互争斗,秦国雄起,灭六国,一统天下。

　　东周时,秦国迁都咸阳(今陕西省咸阳市),为防御东边其他诸侯国的进攻,在函谷古道要冲设置关隘,谓之函谷关。函谷古道,因树木遮蔽,道在谷中,谷形似函,故名函谷。“函”可释义为匣子或封套。

　　那时的函谷关,实际上就是秦国的东大门。秦军在此,曾经成功地拦截过魏、韩、赵、燕、楚五国的联合进攻。不过,函谷关也有失守的时候。后来,齐、魏、韩、赵、楚五国又联合发兵,经函谷关攻入秦国,直到收复了部分失地,方才停战回师。

秦函谷关关楼(2017年4月摄)

古时候的秦函谷关早已湮灭无存。清乾隆《灵宝县志·艺文上·秦汉函谷关考》载："秦关旧迹无复存者。"

清同治十二年（1873），灵宝县知县周淦曾在"秦关旧迹"创建函谷关门卡，用来稽查行人，严防流寇自西入境。

那时的灵宝县城位于函谷关东。中华人民共和国成立初期，因治理黄河，兴修三门峡水利枢纽工程，才将灵宝县城南迁现址。1993年，灵宝县撤县设市。

现在的秦函谷关已经开发成旅游景区。1988年，灵宝县旅游局作为承办单位，曾经发行面值"五角"的"开发函谷关奖券"，用来筹集社会资金。

新建的秦函谷关关楼，所依据的图样，源自一块汉画像砖上的图案——"函谷关东门"。在秦函谷关景区，除了规模宏大的关楼外，还恢复了一段函谷古道，由关楼往西，蜿蜒而去。

秦函谷关关楼及函谷古道（2017年4月摄）

关楼之东,稍微远一点的地方,"老子骑牛"而来,谓之紫气东来——老子要过关了!西汉司马迁《史记·老庄申韩列传》载:"老子修道德,其学以自隐无名为务。居周久之,见周之衰,乃遂去。至关,关令尹喜曰:'子将隐矣,强为我著书。'于是,老子乃著书上下篇,言道德之意五千余言而去,莫知其所终。"

这里的"关",通常认为是函谷关。

老子,姓李,名耳,字伯阳,生卒不详。曾任东周守藏室之史,掌管朝内文书档案。老子所著《道德经》为道家经典之作。后来,道教将老子奉为教主,老子的行踪,在道教那里变得越来越神秘了。

秦函谷关老子骑牛塑像(2017年4月摄)

太初宫坐落在函谷关附近。元大德四年(1300)《重修太初宫碑》载,时"周昭王二十五年,尹喜为关令,望东方有紫气",果逢老子"驾青牛薄叁车来,即迎拜邀幸所居"。

清乾隆《灵宝县志·寺观》又载,太初宫"唐天宝初敕建天宝观,宋崇宁甘露降真武殿,改为太初宫,元大德四年奉敕重修,即尹喜故宅"。

秦函谷关太初宫(2017年4月摄)

另外,清乾隆《灵宝县志》、清光绪《灵宝县志》还把尹喜作为周朝函谷关"名宦"载入史册。

为追念尹喜之功德,后人在函谷关建望气台,所建太初宫亦名太初圣宫,供奉老子塑像。

若将这些视为证据,那么司马迁所言老子"至关"中的那个"关",还真成了函谷关哩!

在函谷关除去望气台外,还有一个鸡鸣台,说来也非常有意思。

齐国孟尝君,亦称田文,曾一度入秦为相。后来,秦王听信谗言,欲囚杀孟尝君。这天夜里,孟尝君的一位门客装扮成狗,择机潜入秦宫,盗得狐白之裘,用来行贿秦王爱妾。经过秦王爱妾说情,孟尝君才得以脱逃。行至函谷关时,天色已晚,关门紧闭。按照秦法,函谷关日落闭关,鸡鸣开关。孟尝君恐怕秦王反悔而派兵追杀。另一位门客急中生智,学雄鸡报晓。守关士卒听到鸡鸣,没过多久便打开了关门。

成语"鸡鸣狗盗"由此而来。"鸡鸣"与函谷关有关。后人在函谷关建鸡鸣台,从此"函谷鸡鸣"便成为当地一景。清乾隆灵宝知县初元方为此赋诗一首:

函关行旅日纷纷,膴膊荒鸡破晓云。

忽忆效忠非幸舍,一钩残月吊田文。

朝代更迭,秦亡汉兴。西汉定都长安(今陕西省西安市),秦函谷关之西被称为关中或关内,时人多以关内者为荣。楼船将军杨仆家在关外,为获得关内户籍,杨仆向汉武帝提出了迁关建议。清乾隆《灵宝县志·表图》记载:"元鼎三年,楼船将军杨仆数有大功,耻为关外民,上书乞徙东关,以家财给其用,武帝意亦好广阔,于是徙关新安。""新安"即今河南省新安县。

关隘所设关乎国家利益,难道一位将军为了自己的私事,说迁关就能迁关吗?

其实,新政权建立后,一些关隘的设置需要重新布局,该撤的撤,该迁的迁,况且"武帝意亦好广阔",因此,迁关也是理所当然的事情。

东迁后的函谷关,仍然沿用旧称——函谷关,即汉函谷关。

现在残存的汉函谷关关楼,为民国时重建。关楼上层为阁楼。中层为"十"字形窑洞式建筑,室内互通,分东西南北四门。下层为平垛式拱形门洞,贯通东西,可供交通。门洞两侧镌刻佚名者题写的楹联:

> 功始将梁今附骥,
> 我为尹喜谁骑牛。
>
> 胜迹漫询周柱史,
> 雄关重睹汉楼船。

汉函谷关遗址(2017年4月摄)

汉函谷关关楼遗址局部（2017年4月摄）

汉函谷关门洞东侧为"函谷关"匾额，惜无款识，不知何人何时所题。门洞西侧为"汉函谷关"匾额，款识"孔子二千四百七十四年癸亥秋，南海康有为书"。

"汉函谷关"匾额（2017年4月摄）

"孔子二千四百七十四年"即1923年。"孔子二千四百七十四年"是以孔子诞生之年为元年的一种纪年方式，亦即孔历。孔历最早或许源自宋朝儒家为研究"儒学"者所用的纪年方式。辛亥革命后，康有为任孔教会会长，尊孔复古，提倡孔历纪年，虽率先示范，最终还是不了了之。

康有为（1858—1927），广东省南海县（今佛山市南海区）人。清光绪进士,授工部主事。其书法自成一家。

张钫是民国时重建汉函谷关的主要参与者之一。

张钫(1886—1966),字伯英,河南省新安县人。早年加入同盟会。1918年,张钫和于右任等人成立了陕西靖国军总司令部。1921年,靖国军解体,张钫也因父亲病逝回乡守孝,其间参与重建汉函谷关,并请康有为题写"汉函谷关"匾额。中华人民共和国成立后,张钫曾任全国政协第二届委员会委员。

在汉函谷关遗址中,尚存南阙台、北阙台残迹,分列关楼两边。后人沿用秦函谷关"望气台""鸡鸣台"之名,把这里的南阙台称作望气台,又把北阙台称为鸡鸣台。

汉函谷关南阙台遗址(2017年4月摄)

东汉定都洛阳(今河南省洛阳市),朝廷把防御的重点放在了西域,汉函谷关的作用日渐式微,慢慢也就变成了历史陈迹。

2013年,"新安函谷关遗址"被列入全国重点文物单位,2016年作为旅游景区对外开放。

"新安函谷关遗址"文物保护标志碑（2017年4月摄）

其实，早在明清两朝，汉函谷关便以"函关晓月"成为当地一景。清乾隆进士、新安县人吕公滋曾为此赋诗一首：

疏柳萦官道，寒烟罩远山。

半钩残月下，孤客渡函谷。

大散关

西汉司马迁《史记·老庄申韩列传》曾载，老子"至关"，应"关令尹喜"请求，写下"道德之意五千余言而去，莫知其所终"。这里的"至关"之"关"，除了秦函谷关外，也有可能是大散关。

大散关为西周时散国关隘，初名散关，后人在名称前面加了一个"大"字，便成了大散关。

民国《宝鸡县志·仙释》载："周尹喜为散关令，老子将西出关，以升昆仑，喜占风气逆，知当有神人来过，乃扫道四十里，见老子而知是也。""喜又请教诫，老子语之五千言，喜过而书之，名曰《道德经》焉。"其按语又称，"李尤《函谷关铭》云尹喜要老子留作此篇，而崔浩以尹喜又为散关令"，且此地"益门镇相传有尹喜故宅"。

大散关废弃的年代比较久远。后来，陕西省宝鸡县（今宝鸡市）西南的二里关，在民国时又被误认为是大散关所在地。

民国《宝鸡县志·关梁》载，大散关"在宝鸡县南，为秦蜀往来要路，自关距和尚原才咫尺，两山关控陡绝，出可以攻，入可以守，实表里之形势也。《明一统志》在县南五十二里大散岭上，通褒斜。旧志大散关亦曰散关，为秦蜀襟喉"。

民国《宝鸡县志·关梁》又载："二里关，《贾志》在县西南四十里，古置关遗址尚存。《元史·郑鼎传》中，统初鼎从伐蜀，攻二里散关。《明史·地理志》宝鸡西南有二里散关。旧志据高岭上，长亘二里，因名，乃栈道必由之路。"

1934年，赵祖康奉令主持修建宝汉公路。其间，在宝鸡县境因修路而挖出了一些古瓷片，这里原为二里关，却被误认为是大散关。那时，赵祖康还即兴题写了"古大散关"，并勒石留存于此。现在开发的古大散关景区，其址"在县西南四十里"，且这里还有一个二里关村，正是原二里关所在地。

古大散关景区关楼的匾额及敌楼一侧的"古大散关"碑，均源于"民国

廿五年十月,古华赵祖康"题写的"古大散关"石刻。"民国廿五年"即
1936年。

古大散关景区关楼(2017年4月摄)

"古大散关"碑(2017年4月摄)

赵祖康(1900—1995),江苏省松江县(今上海市松江区)人。曾任上
海市副市长等职。松江县古称华亭,"古华"应该指的是松江县。

敌楼的匾额为"大散关",款识"郭沫若书"。郭沫若(1892—1978),四川省乐山市人。现代文学家、历史学家,曾任中国文联主席等职。

"大散关"匾额(2017年4月摄)

2010年,宝鸡市渭滨区古大散关文化博览馆编印的《古大散关》称:"我们现在看到的两层建筑为古代营寨式建筑风格的敌楼,敌楼横锁关口,敌楼上层主要是观察敌情,敌楼上悬挂着郭沫若先生'大散关'三个行草大字,古朴凝重,浑厚遒劲。"

古大散关景区敌楼(2017年4月摄)

古大散关景区敌楼上的一副楹联,款识"丁丑夏月,王尊农"。其联为:

<blockquote>
三秦散关雄千古,
二吴豪气传万年。
</blockquote>

"丁丑夏月"即1997年夏季。敌楼的修建年代大概与此相当。

现在的古大散关景区,在概念上将大散关、二里关融为一体,然后再把大散关的典故及发生过的战事移植过来。如此这般,古大散关景区的历史文化内涵也就"厚重"了许多。其实,历史上的大散关和二里关并不是同一个关隘,大散关的知名度要远远高于二里关。

南宋将领吴玠、吴璘兄弟,今甘肃省静宁县人。南宋绍兴元年(1131),他们曾于大散关附近的和尚原抗击金军的进攻。其后,吴玠升任镇西军节度使,迁川陕宣抚副使、四川宣抚使。吴玠卒后,吴璘节制陕西诸军,屡败金军,收复失地,南宋绍兴末年升任四川宣抚使。

古大散关景区吴玠、吴璘塑像(2017年4月摄)

古大散关景区敌楼楹联中的"二吴",指的就是吴玠、吴璘。如今,"二吴"塑像被安置在敌楼一侧——"二吴"又在这里戍关卫国了。

南宋乾道八年(1172),陆游出任四川宣抚使司干办公事兼检法官,四川宣抚使司治今陕西省汉中市。其间,陆游曾亲临大散关调研,为谋划抗击金兵、收复中原之事献计献策。南宋淳熙十三年(1186),陆游在《书愤》诗中还提到了大散关:"楼船夜雪瓜洲渡,铁马秋风大散关。"1997年,这两句诗被拟为古大散关关楼楹联。如今,陆游也是这里的文化使者了。

陆游(1125—1210),字务观,号放翁,越州山阴(今浙江省绍兴市)人。赐进士出身,曾任枢密院编修官等。工诗词、散文,亦长于史。著有《剑南诗稿》《渭南文集》《南唐书》等。

现在的古大散关景区,其关楼、敌楼以及供奉老子塑像的大殿均为仿古建筑。不过,这里的地形依旧是非常险峻的。

古大散关景区地形(2017年4月摄)

剑门关

剑门关,位于四川省剑阁县大剑山。大剑山因诸峰似剑而得名,其关名中的"剑"字即由山名而来。大剑山绵延至剑门关突然断裂,两崖对峙,宛如山门,故有"剑门"之称。三国时,蜀汉刘备军师诸葛亮在此据险设关,于是便有了剑门关。

要谈剑门关,姜维守关是一个绕不开的话题。姜维本为曹魏将领,后来投奔蜀汉。诸葛亮死后,姜维领其兵权,竭忠尽力,主张恢复中原,重兴汉室。蜀汉景耀六年(263),姜维率军驻守剑门关,抵御曹魏进攻。因蜀汉都城被困,后主刘禅弃城投降,蜀汉宣告灭亡。此时,姜维只好弃关易主,复归曹魏。曹魏咸熙元年(264),其将领钟会反叛,姜维伪与钟会联合,拟借机恢复蜀汉。不料反叛事败,钟会被杀,姜维也未能幸免于难。后人在剑门关为姜维建庙祭祀,清朝诗人沈寿榕为姜维庙撰写楹联:

雄关高阁壮英风,捧出丹心,披开大胆;
剩水残山余落日,虚怀远志,空寄当归。

沈寿榕曾任剑州(今四川省剑阁县)吏目,所言"虚怀远志,空寄当归"源自一个典故。相传姜维归蜀汉后,他的母亲仍然住在曹魏,母亲思子心切,期盼儿子能早日归来,便给姜维去信要"当归","当归"是一味中药。姜维忠于蜀汉,给母亲寄回的却是"远志","远志"也是一味中药,寓意"但有远志,不在当归"。

姜维庙亦名姜维祠。姜维生前被封为平襄侯,因此姜维庙又名平襄侯祠。

剑门关平襄侯祠(2017年4月摄)

经过剑门关的这条古道,最初叫金牛道,亦名石牛道。清雍正《剑州志·古迹》载:"石牛道在大剑山,蜀王使五丁开山取牛即此。"

"五丁"是神话传说中的人物,关于五丁的记载,说法不一。五丁,或五丁力士,或五个力士。相传战国时秦国拟征伐蜀国,因入蜀无道可通,便施出一计:雕石牛五头,置金于牛尾之下。秦王传信给蜀王:"秦国的石牛都能屙出金子来,愿意将石牛赠予蜀国。"为接应石牛,蜀王令五丁开山筑路。石牛道之名由此而来。秦王见时机成熟,遂派兵长驱直入,灭了蜀国。

后来,石牛道经过整修扩建,不少路段改成了栈道,道路的名称也随之发生了变化。大剑山、小剑山中的栈道,则以"剑阁道"而名之。小剑山,位于大剑山之西。清雍正《剑州志·山川》载:"小剑山在大剑西北三十里,与大剑峰峦联络,延亘如城……"

栈道亦即阁道、栈阁道。"栈""阁"同属于"架空之建筑"。剑山中的阁道,是为剑阁道。北魏郦道元《水经注》称:"连山绝险,飞阁通衢,故谓之剑阁。"

剑门关是剑阁道上的一个著名关隘,其匾额用的是"剑阁"二字。民国初期,剑州改为剑阁县,所用县名,也源于剑阁道。

"剑阁"匾额(2017年4月摄)

不过,就"剑阁"释义,也有其他说法。西晋张载《剑阁铭》称:"是曰剑阁,壁立千仞。"后人解读,亦称"剑阁,言其峰如剑,其势如阁"。

现在的剑门关,实则是2008年5·12汶川地震后重新建成的旅游景区。姜维祠是新的,关楼也是新的。

游客拍摄剑门关关楼(2017年4月摄)

游客拍摄剑门关关楼(2017年4月摄)

最初所建关楼的结构,现在已经无从稽考。明朝重建的关楼,为飞檐三重。其后,曾多次修葺,关楼上悬挂"天下雄关""雄关天堑"匾额,关楼顶层供奉观世音塑像。

清雍正十二年(1734),果亲王奉诏"经理"达赖喇嘛回藏,兼命检阅经过之地营伍。这年果亲王一行从京城出发,经过剑门关,年底抵达泰宁(今四川省道孚县八美镇),向暂居惠远庙的达赖喇嘛"宣传"圣旨:西藏局势已经缓和,达赖喇嘛择日可以返回布达拉宫。翌年二月初,果亲王在惠远庙与达赖喇嘛告别,踏上返回的路程,途中再一次经过剑门关。

果亲王《西藏日记》载,清雍正十二年(1734)十一月二十六日至剑门关,"是夕,宿剑门驿"。清雍正十三年(1735)三月初一日又"宿剑门驿"。

"剑门驿"就是现在的剑门镇,亦称剑门关镇。古时候因关设置驿站,后来改为镇。剑门关"第一关"碑,就是果亲王途经剑门关时题写的。

"第一关"碑(2017年4月摄)

民国时因修建川陕公路,剑门关关楼被夷为平地。那时候修建这段公路,拆除关楼,应该是唯一的选择。不过,其后剑门关作为地名标记,曾建碑于此,其上镌刻"古剑门关",后又镌立林维干所题"剑门关"碑。

林维干(1884—1969),四川省南充县(今南充市)人,曾任国民党四川省第十四行署专员,其间参与修筑川陕公路。

1958年,邓小平、杨尚昆等人来剑阁县视察,剑门关是第一站,邓小平等人在此调研并听取相关汇报。1959年,当地政府在剑门关关楼遗址旁新建了一座亭子。至此,在剑门关总算有了一座象征性的建筑。现在看来,这座亭子的修建,或许还与邓小平有关系哩!

这座新建的亭子,曾经派上过大用场。1963年,朱德视察剑门关时,曾在这座亭子中休息过。1966年，郭沫若偕夫人于立群等人游览剑门关时，也在这座亭子中休息过。

郭沫若游剑门关，还题写了一首诗：

> 剑门天失险，如砥坦途通。
>
> 秦道栈无迹，汉砖土欲融。
>
> 群峰齿尽黑，万砾色皆红。
>
> 主席思潮壮，人民天下雄。

于立群也擅长书法，随后书写了"雄关漫道真如铁"——这是毛泽东《忆秦娥·娄山关》中的一句词。

那时候，将剑门关关楼拆除，让剑阁道变通途，确实是值得世人夸耀的一项惠民工程。川陕公路修通后，汽车可以横穿剑门关、秦岭，直到大西北草原，蜀道难已经成为历史！

1992年，在剑门关关楼原址一侧重建关楼。当年建造的那座亭子，因关楼重建，也就失去了存在的意义。拆亭建楼修栈道，从而形成了一个旅游景区。2006年，剑门关关楼失火。2008年，剑门关关楼又遭遇5·12汶川地震。人祸天灾，倒是为再一次重建关楼带来了契机。

现在这座关楼的建筑日期及规格，在关楼说明牌中有记载："此关楼于2009年9月至2010年4月，以1935年因修川陕公路而撤毁的明代风格的关楼为依据，在原址重建，宽18.3米，高19.61米，深17.7米，石木结构，气势恢宏。"这里的"原址"，指的是1935年被拆除的那座关楼的原址。

在进入剑门关景区的路旁，还有一通"剑门关"石刻，款识"徐向前"。其实，徐向前并没有单独题写过"剑门关"，这三个字摘自徐向前题写的"红军攻克剑门关纪念碑"。1992年，巴蜀书社出版的《剑阁县志》载，1982年2月28日，"中共中央军委副主席徐向前为剑门关红军纪念碑题词：'红军攻克剑门关纪念碑'。手迹存县文管所"。

"剑门关"石刻　　　　　　　红军攻克剑门关纪念碑
（2017年4月摄）　　　　　　　（2017年4月摄）

　　2009年,在剑门关景区新落成的红军攻克剑门关纪念碑,仍然沿用徐向前早年题写的碑名。

　　徐向前为中华人民共和国十大元帅之一。1935年,红四军方面军总指挥徐向前、副总指挥王树声为汇合中央红军北上抗日,率部强渡嘉陵江,继而进入剑阁县境。"打下剑门关,犹如得四川。"王树声指挥红军从东、西、南三路进攻剑门关,经过激战,红军歼灭守军3个团,胜利攻克剑门关。

　　红军攻克剑门关,是在当年4月。那时候,剑门关关楼还是存在的。这年10月,才将关楼拆除。

　　1949年,国民党军队进驻剑门关,人民解放军对剑门关的国民党军展开进攻。在这次战斗中,解放军从正面用大炮轰击剑门关国民党守军,又暗中派遣小分队绕至关隘一侧等待时机,从后路夹击。半夜之时,一切就绪,攻打剑门关的战斗才算正式打响。解放军在炮火掩护下迅速冲击剑门关,国民党守军退败,遂向剑阁县城方向溃逃,解放军乘胜追击。12月18日,解放军占领剑阁县城,剑阁县人民政府宣告成立。

　　原先的剑阁县城位于剑门关南。2003年,剑阁县城迁址辖区下寺镇,新县城位于剑门关北。

白马关

白马关,位于四川省德阳市罗江区鹿头山。清嘉庆二十年(1815)《罗江县志·关隘志》载:"白马关,县西南十里,与鹿头关相对。"

隋唐时曾于鹿头山置关,名鹿头关。五代时迁址绵阳河西岸,仍沿用旧名。后又在鹿头山置关,并以"白马"名之,白马关与鹿头关相对而立。

白马关始建年代无考。至少在北宋初年,白马关就已经存在了。现在的仿古建筑白马关南关楼、北关楼,其匾额均为"白马关",款识"苏轼书"。

"白马关"匾额(2017年4月摄)

苏轼(1037—1101),眉州眉山(今四川省眉山市)人,北宋文学家、书画家。嘉祐进士,官至翰林学士、礼部尚书。

不过,那时题写匾额,并不像现在这样,非得找个知名书法家,或者找个大人物来题写。当时,一般由当地知县题写就可以了。这里的"白马关"匾额,实际上是集苏轼字而成的。

现在的白马关已经开发成旅游景区。新仿建的关楼,在北宋未必就是这个样子,也未必就在这个位置。这个位置的关楼及城墙或者说是围墙,实际上是为了便于景区管理而设计建造的。

白马关北关楼(2017年4月摄)

关于白马关的兴废年代,清嘉庆《四川通志·关隘》载:"明代置巡司于白马关,清废。"

此地的白马关,在古人的文章中,有时亦称落凤坡或庞统祠,其实指的都是同一个地方。现在的白马关景区,落凤坡、庞统祠则属于两个独立的景点。

相传落凤坡为庞统牺牲之地。

庞统(179—214),字士元,三国襄阳(今湖北省襄阳市)人,刘备军中幕僚,后从刘备入蜀。

西晋陈寿《三国志·庞统传》载,庞统"进围雒县,统率众攻城,为流矢所中,卒,时年三十六"。"雒县"即今四川省广汉市。

元末明初罗贯中《三国演义》第六十三回称,庞统在进围雒城途中遭遇埋伏,于落凤坡被乱箭射杀。

《三国演义》第三十六回称,刘备得到"伏龙""凤雏"中的任何一个人,均可以安天下。伏龙指的是诸葛亮,凤雏指的是庞统。"凤雏乃襄阳庞统也"。另外,在《三国演义》第六十三回中,庞统曾自称"吾道号凤雏"。

《三国演义》是历史小说,若以此定论,说庞统死在了落凤坡,显然欠妥。为了坐实这一结论,不知何人何时又在落凤坡添置了一座"血坟",说庞统受伤时的血衣就埋在了这里。清同治七年(1868),罗江知县梁绶祖在落凤坡镌立"汉靖侯庞凤雏先生尽忠处"碑。

这座"血坟"过去就是一座土疙瘩。1989年当地村民自发捐款重建,并于坟前镌立"汉靖侯庞公士元之墓"碑。1997年,"血坟"被列入罗江县文物保护单位。

落凤坡应该是在庞统死后形成的地名。暂且不论庞统死于何地,庞统葬于鹿头山是没有争议的。蜀汉刘禅称帝,谥庞统为靖侯,并在庞统墓前修建了庞统祠。庞统所葬之地,也就是"落凤"之地,或许落凤坡之名由此而来!

庞统祠、庞统墓合称庞统祠墓,清康熙时重建,1980年被列入四川省文物保护单位,2006年又被列入全国重点文物保护单位。

白马关庞统祠(2017年4月摄)

庞统祠墓依古道而建,其山墙镌刻榜书"佛孝福",款识"御前侍卫、世袭伯爵、留京听用精勇巴图鲁魏光铭敬书"。"精勇巴图鲁"系皇帝赐号。

其实,"佛孝福"与庞统没有什么关系。单就"福"字而言,庞统死得早,应该属于没福之人。魏光铭书"佛孝福",或许是想告诉路人"信佛、行孝才能得福"。

清雍正十二年(1734),果亲王奉诏"经理"达赖喇嘛回藏,兼命检阅经过之地营伍。白马关也是果亲王途中必须经过的一个地方。

清雍正十二年(1734)十二月初一,果亲王在《西藏日记》中写道:"山势自剑门来至此始尽,关下落凤坡有庞士元墓,庙宇二重……"雍正十三年(1735)二月二十五日,"过绵阳河,上落凤坡谒庞士元祠,书匾曰:忠节凛然。联曰:人杰,不必以成败论;赤忠,须得于是非明"。

魏光铭是果亲王西藏之行的侍从人员。果亲王为庞统祠题匾撰联,魏光铭便写了"佛孝福"三个字。

白马关之名,或因汉高祖刘邦骑白马至此而得名。清嘉庆二十年(1815)《罗江县志·关隘志》引用《郡国志》载,白马关"昔汉高帝乘白马至此"。也可能与刘备、庞统有关系。清嘉庆二十年(1815)《罗江县志·艺文志·修庞靖侯寝室序》又载:"罗邑城南十里许,有白马关者,即古落凤坡也。后汉时刘先帝兵向雒城,忽凤雏先生马蹶,恐不利于阵,自以所乘白马易之。至是猝遇敌,敌意其为先主也,遂丛矢向之,没于军,因冢于此,以白马故关,由是得名焉。"

《修庞靖侯寝室序》由清雍正时罗江知县王荣命撰写。刘先帝即刘备。当年围攻雒城时,刘备好意将自己的白马让给庞统,敌方以为骑白马者就是刘备,于是"丛矢向之",庞统丢了性命并葬于此地。罗江知县王荣命认为,白马关应该由此得名。

经过白马关的这条古道,现在的名称是秦蜀金牛古道,旧称金牛道或石牛道,北通长安(今陕西省西安市),南至益州(今四川省成都市)。经过白马关的这段古道,曾名落凤坡古驿道。1990年,"落凤坡古驿道"被列入德阳市市中区文物保护单位。

白马关秦蜀金牛古道(2017年4月摄)

在白马关景区内还有一座尧氏节孝坊。过去能立这类牌坊的人家属于光荣之家,同时立牌坊也有社会教化功能。因此,常常把这类牌坊建在村口道中,用于彰显节孝美德。现在的尧氏节孝坊,已经成为白马关景区的一个景点。尧氏节孝坊说明牌称,清道光时,尧氏婚后丧夫,从此守节,曾"捐家产修古驿道,知县请旌奉文,于白马关建坊表贤",现仅存残迹,"2011年修亭一座,加以保护"。

白马关尧氏节孝坊（2017年4月摄）

白马关北关楼前的那座牌坊，因匾额为"挂镜台"，故名挂镜台牌坊。原先这座牌坊为罗江县城隍庙的附属建筑，始建于清乾隆时，知县杨周冕题写"挂镜台"匾额。"道光辛丑上巳，知罗江县事叶朝采率阖邑士民重建。""道光辛丑"即清道光二十一年（1841）。2000年迁建现址。

"挂镜台"寓意明镜高悬，彰善瘅恶。

白马关挂镜台牌坊（2017年4月摄）

云峰关

云峰关,位于四川省隆昌市城南土地坎,这里有一条古驿道,东通渝州(今重庆市),南达泸州(今四川省泸州市)。

云峰关古驿道(2017年4月摄)

清光绪六年(1880),隆昌知县事杨准在云峰关题刻"楼峰胜境"。

清宣统元年(1909),曾有人在云峰关题刻"绾毂渝泸"四字。"绾毂"就是控制交通枢纽的意思。因岩石风化,款识模糊,不知何人所题。

其实,云峰关至少在清乾隆时就是一处"胜境"了,此时的云峰关曾以"乡校留徽"列入"隆昌八景"。清乾隆十二年(1747),隆昌知县赵元慧为此赋诗一首:

南郊绿野是秋成,半截残碑似有情。

老树交枝凉早就,主人留客茗初烹。

苔封石壁悬书法,磴凿云根喜路平。

负重迢迢从此过,息肩亭下一身轻。

清同治《隆昌县志·图考》载乡校的位置在云峰关内。

"乡校"石刻,清同治《隆昌县志·辨讹》载:"乡校岩在县南云峰关外,元人白良侨寓隆桥驿,大书'乡校'二字于石壁,至本朝道光邑令李德润重镌。"

清同治《隆昌县志·关隘》载:"土地坎,县南五里,为叙永、泸、渝通衢,隆邑关塞,石壁有'乡校'二字,端楷遒劲。"又称"乡校"是"元人范良遗迹"。

云峰关"乡校留徽"碑,清乾隆时已经残缺不全。赵元慧在诗句中称"半截残碑似有情",说的就是这通碑。

云峰关匾额"云峰关",款识"大清道光七年重建,署隆昌县事李德润题"。近在咫尺的云峰塔,经过重建,也于这一年竣工。云峰塔匾额"云峰塔",款识"大清道光七年重建,知隆昌县事张聘三题"。

"云峰关"匾额(2017年4月摄)

不过,重建云峰塔,还是费了不少周折。

清嘉庆进士耿履端(隆昌人)《重建云峰塔落成碑记》载,城南土地坎"素有宝塔一座"。清道光二年(1822),隆昌知县张聘三"慨灵迹之湮灭",乃筹划重建云峰塔,后因调离隆昌,重建云峰塔一事暂且搁浅。道光五年(1825),高兰孙知隆昌县事,"始议重修",仅建成三层,又被调走。新任知县魏崧接着重修云峰塔,没等修好又被调走。这之后,隆昌知县李德润再次重修云峰塔,"不数月而告成"。

清道光六年(1826),李德润始任隆昌知县。云峰塔于道光七年

（1827）告竣,接着又重建云峰关。恰好这年张聘三又回到隆昌接替李德润一职,估计李德润念"老知县"早年筹划之功,题写云峰塔匾额的露脸事,还是让给了张聘三。

清同治《隆昌县志·古迹》载,云峰塔"中塑文昌、关圣、川主、观音、奎星神像"。云峰塔塔高如峰,直插云际,供奉诸神,祈求"天开文运",保佑当地学子功成名就。云峰塔的名称及用意大概由此而来。

云峰关之名,应该源自云峰塔。云峰关也常以土地坎概称。

云峰关（2009年12月摄）

2009年的云峰关住满了农户,其中一家的门牌号是"光丰村五组57号"。在这家房舍的白灰墙上,还残留着早年的宣传告示——为满足"小学生入学的愿望,既能为农村培养"有文化的劳动者,又能为"学校输送合格人才⋯⋯"或许这里曾经开办过小学。

近些年来,为了再现云峰关的原貌,一些农户,包括"光丰村五组57号"在内,已经搬出了云峰关。在曾经住过农户的一座庙宇内,保存着《培修碑记》《重修碑序》等数通古碑。

《重修碑序》等功德碑（2017年4月摄）

《培修碑记》款识"中华民国四年乙卯季夏"，碑文记载"云峰关普济寺古刹也"，这次"重新补筑并添修"，"经数月而成，因刊碑以志之"。

清光绪八年（1882）《重修碑序》碑载："云峰关者，城南胜境也，宝刹宝塔相低昂。""武圣宫，明成化元年、清康熙己亥，郡先辈已醵金修前殿……后殿祀佛与观音，旁则祀十八罗汉。"

《重修碑序》中记载的武圣宫，也可能是普济寺。前殿供奉关帝，后殿供奉"佛与观音"。其布局与现在保存《培修碑记》《重修碑序》等数通古碑的这座庙宇完全相符。只不过前殿、后殿空空如也，没有了神像。

从前殿石柱上题刻的楹联推定，李德润修云峰关时，也重修了这座庙宇。其联为：

> 马立峰头，精气不随云外散；
> 月飞塔顶，神光直向日边来。

这一副楹联款识"道光丁亥，滇南李德润题"。"道光丁亥"即清道光七年（1827）。

在前殿门外的过道上，搭建着一座供行人歇脚的敞亭，这座敞亭与云峰关结为一体。亭的名字，或许就是清乾隆时隆昌知县赵元慧诗中的"息肩亭"。亭柱题刻楹联，署名及下联漫漶不清，款识"道光丁亥"。其联大概是：

　　　　三月桃开,想见难兄难弟;

　　　　五更烛灭,乃知有君有臣。

　　这是一副颂扬关帝的楹联。上联说的是"桃园三结义",下联说的是关帝夜读《春秋》的故事。

　　在后殿的石柱上也题刻着一副楹联,款识"道光癸卯年小阳月,赐进士出身、知隆昌县事、津门刘光第题"。"津门"是天津市的别称。"道光癸卯年小阳月"即清道光二十三年(1843)十月。其联大概是:

　　　　护法法无边,举掌朝元庄严相;

　　　　伏魔魔敛迹,志心皈命因天缘。

　　关于云峰关的始建年代,2002年,隆昌县档案局、档案馆编印的《隆昌县档案资料选编》(隆昌石牌坊群专辑)称:"云峰关始建年代无史料记载无从考证。"2006年,重庆出版社出版的《隆昌石牌坊解说辞》又称,云峰关始建于唐德宗贞元年间,源于剑南节度使韦皋因蜀内汉獠矛盾冲突,故逐獠出蜀,为防其复至,于泸州南北设关三道,云峰关是其中一关。

云峰关(2017年4月摄)

1982年,云峰关及云峰塔、石牌坊等文物曾被列入隆昌县文物保护单位。2001年,云峰关、云峰塔及"绾毂渝泸""楼峰胜境"摩崖石刻,又作为隆昌石牌坊附属文物,被列入全国重点文物保护单位。

雪山关

　　雪山关,位于四川省叙永县境,为川滇古道上的一个关隘。相传建于明洪武初年,因地处高山,积雪期长,故名。

　　雪山关依两侧山峰而筑,扼守古道,亦关亦庙。雪山关又名雪山关寨。谓之"寨",应该是戍关兵卒在此安营扎寨而形成的别称。后来,随着川滇公路的开通,经过雪山关的这条古道逐渐没人走了。路废关弃,仅剩残垣断壁。原先遗存的"雪山关"匾额,惜款识残缺漫漶,不知何人何时所题。

雪山关地形(2017年4月摄)

"雪山关"匾额(2017年4月摄)

其实,昔日的雪山关,值得"炫耀"的地方并不多,山高地僻人稀,可能是主要原因。明嘉靖时,四川状元杨升庵由京城贬谪云南,自此往来于川滇两地,这年杨升庵途经雪山关,曾赋诗《雪山关绝粒谕从者》:

仆痡马病漫兴嗟,戎旅华封本一家。

我骨已仙原不馁,何须食柏与餐霞。

雪山关(2017年4月摄)

要谈雪山关,蔡锷也是一个绕不开的人物。

1912年1月1日,中华民国临时政府成立,孙中山就任中华民国临时大总统。其后,由袁世凯接任。1915年,袁世凯阴谋实行帝制,改次年为洪宪元年。蔡锷等人在云南发动护国战争,一时各地积极响应,倒袁之声风起云涌。1916年,袁世凯为平息事端,被迫宣布撤销帝制。

1993年,四川科学技术出版社出版的《古蔺县志》载,1916年"蔡锷、朱德率领护国军自滇经黔北入川","经赤水河场、雪山关到叙永"。

现在的雪山关经过修缮基本恢复原貌,原先残缺不全的石刻楹联,经过修复也得以再现出来。其联为:

> 是南来第一雄关,只有天在上头,许壮士生还,将军夜度;
>
> 作西蜀千年屏障,会当秋登绝顶,看滇池月小,黔岭云低。

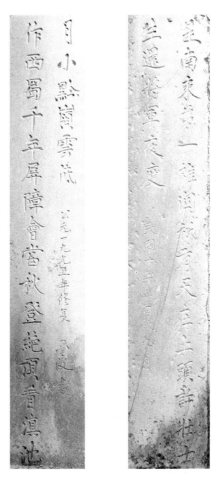

雪山关楹联(2017年4月摄)

1982年，四川省宜宾地区文化局编印的《宜宾地区文物简志》载，这副楹联最初上款署"民国十年辛酉秋九月"，下款署"分知事杨公石书"。曾传为蔡锷过雪山关时作，亦说是蔡锷、朱德过雪山关时合作此联。其依据主要源自《沛云堂立雪杂录》中的一句话，即"蔡松坡、朱玉阶率护国军入川讨袁，至雪山关驻马题联"。讨袁结束后，朱德"在1920年前的一段时间，曾驻节泸县立石、云锦一带，与友人组织了'振华诗社'，《沛云堂立雪杂录》是转抄诗社同人互相唱和之作的手抄本"。

1992年，叙永县政协文史资料委员会等编印的《名城叙永》载，1916年"蔡锷讨袁护国"，"驻马关上"，并题雪山关寨楹联一副。1921年，由杨公石"书刻在南寨门"。

《古蔺县志》亦载这副楹联，称："民国十年，杨公石任古蔺县赤水分县县佐时撰并书，刻石于雪山关。今尚存部分，'杨公石撰并书''辛酉'等字样清晰可见。世多误为蔡松坡撰。"

这副楹联原上联完整，而下联残缺，尚存"会当""云低""分知事"几个字。后来补刻下联，下联款识仅署"公元一九九五年修复，墨汲书"。

那时的雪山关归赤水分县管辖。杨公石以"县佐"掌管古蔺县赤水分县事务。县佐，为县知事的佐理，分设于县内要地，不与知县同城，因此亦称"分知事"。

赤水分县治赤水河场。1932年裁撤，先后设立赤水镇、赤水乡，仍归属古蔺县辖。1983年划归叙永县，现为赤水镇。雪山关在赤水镇辖区。

雪山关另一副楹联款识"民国十年辛酉秋九月，分知事杨公石题"，"姜学成书"，"公元二零零五年乙酉孟夏修复"。其联为：

> 孤城万仞山，羌笛春风吹不度；
> 八月即飞雪，玉门秋色拟平分。

现在的雪山关，仍然是亦关亦庙。原先的庙——应该是关帝庙，现为云峰寺。这里的云峰寺汇聚着儒、释、道众多神祇——孔圣人、接引佛、观世音、关帝等。即使一些不出名的小神——猪王神，也在这里安家落户了。云峰寺诸神云集,但香火不算很旺。古道易辙,此地更是落寂了许多。

雪山关云峰寺孔圣人、接引佛塑像(2017年4月摄)

雪山关云峰寺关帝塑像(2017年4月摄)

云峰寺除了诸神之外,毛泽东、朱德等人的标准像,也被请了进来。

1935年,毛泽东率领红军四渡赤水河,曾转战古蔺、叙永二县。雪山关距离赤水河不远,或许这是将毛泽东像请入云峰寺的一个充足理由。早年朱德率领护国军入川讨袁,雪山关为必经之地,将朱德像请入云峰寺,似乎也是说得过去的。

云峰寺真是包罗万象了。

1985年,叙永县由四川省宜宾地区划归泸州市。1986年,"雪山关寨及题联"被列入泸州市文物保护单位。

严　关

严关，位于广西兴安县境，其匾额为"古严关"。1963年，以"严关"之名列入广西重点文物保护单位。

严关始建于哪个朝代呢？

2002年，广西人民出版社出版的《兴安县志》载，一说建于秦始皇戍五岭时，"宋人周去非的《岭外代答》及乾隆版《兴安县志》都主此说"；一说建于汉朝，"系汉归义侯越严出零陵，下漓水，定越建功，《方舆纪要》主此说"。

《兴安县志》又称汉元鼎时，"归义侯越严率一军由灵渠入漓江抵苍梧。翌年，南越国灭亡"，"同年，在兴安筑严关"。

严关一侧的"严关"摩崖石刻，款识"万户山翁程邻东归过此书，大宋政和乙未孟冬……"。"大宋政和乙未"即北宋政和五年（1115）。"孟冬"即农历十月。

"严关"摩崖石刻（2017年4月摄）

程邻出身官宦之家。其父程节,北宋元符时知桂州,崇宁三年(1104)病逝。程邻早年跟随父亲,在官府从事文秘工作,后步入仕途。大观四年(1110),程邻知桂州兼广南西路经略安抚使,后被贬谪。政和三年(1113),程邻以集贤殿修撰复知桂州。政和五年(1115),程邻因"久于南方,触热致疾",以东归就医之由离开广西,时年46岁。"严关"二字就是程邻"东归"途中,经过严关时题刻,为严关最早的摩崖石刻。

要谈为严关赋诗的历史人物,当数南宋诗人范成大,其《严关》诗为:

> 回看瘴岭已无忧,尚有严关限北州。
>
> 裹饭长歌关外去,车如飞电马如流。

范成大在这首诗的序文中称严关"或谓之炎关,桂人守险处。朔雪多不入关,关内外风气迥殊,人以为南北之限也"。

范成大(1126—1193),字致能,号石湖居士,吴县人(今江苏省苏州市)。南宋绍兴进士,历任著作佐郎、吏部郎官、礼部员外郎等职,曾知静江府兼广南西路经略安抚使。淳熙五年(1178),任参知政事,旋被弹劾。晚年隐居石湖。著有《石湖集》《石湖词》《桂海虞衡志》《吴郡志》等。

范成大在《桂海虞衡志》中又称:"瘴,二广惟桂林无之,自是而南,皆瘴乡矣。"

瘴气能致人死亡,那时外地人谈"瘴"色变,殊为可怕。严关距离桂林不远,通常视为进入瘴气之地的一个地理标志。

清咸丰元年(1851),兴安知县商昌重建严关,并为严关题写"古严关"匾额,款识"署兴安县事商昌重建,咸丰辛亥孟冬穀旦立"。

严关（2017年4月摄）

商昌，生卒不详，山西省洪洞县人。民国《洪洞县志·选举表》载，商昌为清道光"庚子科"进士。道光庚子即道光二十年（1840）。

商昌为什么要重建严关呢？

道光三十年（1850），洪秀全领导的拜上帝会在广西桂平县（今桂平市）金田村团营，清军闻讯赶来围剿。咸丰元年（1851），洪秀全在金田起义，建号太平天国，起义军称"太平军"。不久，洪秀全称"天王"。攻占永安（今广西蒙山县）后，封王封地，初步建立政权。

"咸丰辛亥孟冬"即咸丰元年（1851）十月。这年商昌重建严关，其目的非常明确，就是要加强防御，阻止太平军进入县境。

咸丰二年（1852），太平军自永安突围北上，浩浩荡荡，势如破竹。先是围攻桂林，接着攻占兴安县城，时任知县商昌弃城逃走。而此前重建的严关，也没能发挥应有的防御功能。后来，太平军遭诸路清军反击。为权宜计，太平军撤离兴安县城，继续北上。咸丰三年（1853），兴安县又起事端，武举张凤岗等人聚众起义，自称洪秀全余党。这次时任兴安知县的蔡映符没能逃脱,人头落地,一命呜呼。

严关的始建朝代,在"严关"文物保护标志碑镌刻的文字中,又称严关"不知始建于何代",从程邻题"严关"看,"此关在北宋时早已建立",明崇祯十一年(1638)、清咸丰元年(1851)重修过,1965年、1977年分别对关墙局部进行过重修,"原来有关楼,现已无存"。

现在的严关,其关墙之上还保存着一通"古严关"碑,不知何人何时所题。

"古严关"碑(2017年4月摄)

昆仑关

昆仑关,位于广西南宁市兴宁区与宾阳县交界处。2005年,南宁市调整部分行政区划,将辖区内的邕宁县撤销,设立邕宁区,将原来属于邕宁县的昆仑镇划归南宁市兴宁区。昆仑镇原名九塘镇,因昆仑关而易名。现在的昆仑关也就成了兴宁区与宾阳县交界处的一个关隘。

昆仑关关楼(2017年4月摄)

1987年,广西人民出版社出版的《宾阳县志》载:"昆仑关,位于县城西南30.5公里,为本县与邕宁县交界的昆仑山东侧……唐元和十一年(816)垒石为关,名'雄南关'。宋皇祐四年(1052)广源州首领侬智高攻占邕州,进而攻占宾、横、桂等州,踞此关以自雄,改关名为昆仑关。"

1995年,中国城市出版社出版的《邕宁县志》载,唐元和十一年(816),黄少卿聚众起事。唐元和十四年(819),桂管观察使裴行立为围剿黄少卿,在距离今昆仑关北2公里处凭险"垒石为关",但"未命关名"。宋景祐二年(1035)在昆仑山建昆仑关。宋皇祐四年(1052),侬智高为阻止宋军南下,曾拒守昆仑关。明嘉靖时两广总督王守仁,为围剿广西"八寨"壮、瑶农民起义再次重建昆仑关。

明朝灭亡后，原王室成员在南方组建政权，史称南明。清顺治三年（1646），原王室后裔朱由榔在肇庆即位称帝，建元永历。因清军不断南征讨伐，永历帝四处逃亡，居无定所。后来，永历帝逃到南宁。为保住南宁，永历帝命副总兵朱桓、赵康璘重建昆仑关。

重建后的昆仑关仍然没能起到御敌作用。南宁失守，永历帝又走上逃亡之路，最终被清军俘杀。

清道光二十六年（1846），宣化（今南宁市）知县柳际清又依照旧制修建昆仑关，并重建关楼三楹。

《邕宁县志》又载，1976年"修筑邕、柳柏油公路时，昆仑关城被人拆毁"，1982年重建"关城"。这次重建的关城为垛口墙，而在城门之上并没有重建关楼。

现在重建的昆仑关关楼，亦依旧制而建，面阔三楹。"昆仑关"匾额为南明时题刻，款识"副总兵朱桓、赵康璘"等人重建。

"昆仑关"匾额（2017年4月摄）

民国时,广西南宁经昆仑关至柳州的公路建成通车,这条公路南通越南,因此亦称桂越公路。抗日战争时期,这是一条重要的后方物资补给线。1939年,日军攻陷南宁,接着占领昆仑关,企图控制桂越公路。

同年,国民政府从粤湘赣鄂等省调集约15万兵力、飞机100余架增援桂南。以杜聿明为军长的第五军作为主攻部队,经过十多天的激战,最终收复昆仑关。

1939年12月30日,《新华日报》报道"桂昆仑关之役,我歼敌数联队"。昆仑关战役以中国军队胜利而告终,但中国军队的伤亡也是非常惨重的。《宾阳县志》载,第五军阵亡将士"合葬于昆仑关墓地者'三千四百有奇'"。为缅怀昆仑关战役阵亡将士,1944年,由杜聿明主持,在昆仑关修建"陆军第五军昆仑关战役阵亡将士墓园"。

该墓园包括陆军第五军昆仑关战役阵亡将士纪念塔、纪念碑亭、南牌坊、北牌坊等建筑。

南牌坊(2017年4月摄)

南牌坊为墓园南门,亦即正门,坊额题刻"陆军第五军昆仑关战役阵亡将士墓园"。坊柱题刻楹联,分别由蒋介石、杜聿明、于右任、顾祝同撰写。其联为:

芳烈长流,为国家尽忠,民族尽孝;

英豪继起,信抗战必胜,建国必成。

血花飞舞,苦战兼旬,攻克昆仑寒敌胆;

华表巍峨,扬威万里,待清倭寇慰忠魂。

昆仑关下英雄记,

革命军前金石光。

战绩令人怀壮烈,

国殇为鬼亦雄奇。

北牌坊为墓园北门,坊额题刻"气壮山河""不朽是为"。坊柱亦题刻楹联,分别由林蔚、黄旭初撰写。其联为:

百战尚留苌氏血,

九攻更轶狄青勋。

编成战史勋名重,

合葬雄关俎豆新。

2005年,新成立了南宁昆仑关战役遗址保护管理委员会,统筹昆仑关一带的文物保护和开发建设工作。自此开始,除了重建昆仑关关楼外,还修复了一段古驿道,新建了昆仑关战役博物馆、石景碑林园等景点。

石景碑林园中的石刻,包括蒋介石的"艰苦卓绝"之句、白崇禧为昆仑关战役撰写的《纪念塔纪战碑铭》,还有1945年9月3日《新华日报》刊发的毛泽东题词"庆祝抗日胜利,中华民族解放万岁"等内容。

昆仑关最古老的文物,就是关城上的那个老构件——"昆仑关"匾额。现在的昆仑关,其实就是一处新开发的爱国主义教育基地。

昆仑关石景碑林园石刻（2017年4月摄）

友谊关

友谊关，曾名镇南关，位于广西壮族自治区凭祥市南，为中越边境上的一个关隘。

友谊关关楼(2017年4月摄)

历史上发生在镇南关的战事，以中法战争中的镇南关大捷最为著名。

那时，法国依靠船坚炮利侵占越南，应越南请求，清朝出兵对抗法军。清光绪十年(1884)，清朝主和派代表人物李鸿章力荐潘鼎新调任广西巡抚，督军越南谅山。同年，苏元春暂任广西提督，率部协助潘鼎新驻防越南。潘鼎新作为主帅畏敌怯战，在法军进攻时不战而退，致使谅山失守，法军长驱直入，进而突破镇南关。后来，法军或受给养保障跟不上等因素影响，主动退出镇南关并将关楼焚毁。

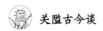

清光绪十一年（1885），时任两广总督张之洞奏准朝廷，重新起用广西原提督冯子材为广西关外军务帮办。潘鼎新、苏元春支持冯子材抗击法军并参与其事。

冯子材上任伊始，立马组织军民在镇南关内十里长线修筑工事，砌长墙，挖战壕，设陷阱，重新布防，积极备战。没过多久，法军再次出击，企图将清军防线击溃。冯子材率部迎敌而上，不怕牺牲，短兵相接，最终将法军击退。这次战斗史称"镇南关大捷"。此后连续几日，清军乘胜反击，收复谅山，至此，中法战争结束。经过议和，中法重新勘界，边境局势相对缓和下来。朝廷授冯子材为云南提督，潘鼎新被革职回籍，正式任命苏元春为广西提督，经办广西边防军务。

苏元春经办广西边防军务的政绩，主要体现在构筑边境炮台防御体系上，其中最为著名的炮台，当数镇关炮台和右辅山炮台。

中法战争结束后，苏元春便开始修复镇南关，同时构筑镇关炮台。镇关炮台位于镇南关左弼山。"弼"为"辅助"之意，左弼山亦称左辅山，比较低矮，所筑炮台由前卫炮台和主炮台组成，一前一后，相距80米。主炮台南门匾额"镇关炮台"。

镇南关右侧为右辅山，又称金鸡山，海拔596米。右辅山炮台由镇南、镇中、镇北三座炮台构成。清光绪二十一年（1895）《镇北台记》称，镇北台"阅四寒暑讫事。今巨炮自海帮购运安置斯台者，每尊约数万斤，运掉灵活，左右旋转如意，皆机轮为之。轰击命中，远可及四五十里。军器捷利，于古未闻，然非筑斯台镇之，不足以张威烈而壮观瞻"。

镇关炮台及右辅山炮台装备的主炮，由德国克虏伯兵工厂制造，因此称之为"克虏伯大炮"。

友谊关右辅山镇北炮台（2017年4月摄）

清光绪二十一年（1895），苏元春为进入右辅山炮台必须经过的前闸门题写"前闸门"匾额，款识"光绪乙未年，蒙山苏元春立"。在这之前，苏元春还为镇北台题写了"镇北台"匾额，款识"光绪十八年吉月日，蒙山苏元春立"。

"前闸门"匾额（2017年4月摄）

"镇北台"匾额(2017年4月摄)

　　清光绪三十三年(1907),孙中山在越南河内设立机关部,并任命同盟会成员黄明堂为都督,赴广西边境谋划起义,拟通过镇南关挥师北上,继而占领两广,直捣清朝腹地。其后,黄明堂率部占领右辅山炮台。孙中山亲临前线指挥并参与作战。孙中山在此感叹道:"反对清政府二十余年,此日始得亲发炮击清军耳!"为权宜计,孙中山返回河内筹款购械,黄明堂率部继续坚守阵地,等待后援。没过几天,清军数千人围攻右辅山炮台。此时敌众我寡,再加上后勤补给一时难以解决,弹尽粮绝,黄明堂被迫率部撤入越南境内。

这次起义历时9天,史称"镇南关起义",又称"丁未镇南关之役"。"丁未"即光绪三十三年(1907)。

抗日战争时期,镇南关再次被毁,仅剩城门。1953年,经国务院批准改名为睦南关。1957年重建睦南关。《睦南关落成纪念》碑载,这次重建者为"广西省人民委员会",由"广西军区营房建筑委员会"承建,"第七工程大队"主建,1957年9月15日落成。"广西省"为"广西壮族自治区"旧称,1958年撤省设区。

1965年1月20日,经国务院批准睦南关又改名为友谊关。陈毅题写"友谊关"匾额。1965年3月6日《人民日报》报道:3月5日在友谊关隆重举行了改名仪式。

"友谊关"匾额(2017年4月摄)

友谊关历史悠久,曾经用过不少名称。1993年,中山大学出版社出版的《凭祥市志》载:"该关建于汉朝,初名雍鸡关,后改鸡陵关、界首关、大南关、镇夷关、镇南关,1953年改为睦南关,1965年改为友谊关。"

1941年,王逊志主编的《广西边防纪要》又载:"南关,为镇南关的简称。原名鸡陵关,一名大南关,又名界首关。明永乐年间,更名镇夷关。清初改名镇南关。"

2006年,"友谊关"被列入全国重点文物保护单位。

雄镇关

雄镇关，位于广东省南澳县南澳岛。

雄镇关（2017年4月摄）

清乾隆《南澳志·关扼》载："雄镇关在城南，为云、深二澳之冲，形势最要，万历四十八年副总兵何斌臣筑，关高三丈，围百余丈。戚继光间道从云盖寺入深澳，破吴平道出于此。"

民国初年，南澳始设县治。民国《南澳县志·关隘》载，雄镇关"万历十三年副总兵刘大勋建，四十八年副总兵何斌臣拓筑，后圮。清康熙二十八年总兵杨嘉瑞重建，高三丈，围百余丈。戚继光间道从云盖寺入深澳，破吴平道出于此。海警起则派营弁率兵驻关防堵，事平兵撤。朝夕守望责成僧人，今周垣久夷，止存向南关门一座，门上石额有'云深处'三字，隐指云、深两澳交界之处。关门内有佛寺及真武庙"。

"戚继光间道从云盖寺入深澳，破吴平道出于此"，说的是明嘉靖时的事儿。"间道"也就是偏僻小道，可以引申为"抄小路"。

那时，吴平自结党羽，辗转窜至南澳据险设寨，抗拒朝廷。明嘉靖四十四年（1565），广东总兵官俞大猷率部围剿吴平。福建总兵官戚继光前

174

去增援,从云盖寺抄小路逼近吴平本寨。俞大猷率部乘战船呼应。俞、戚联合作战,歼敌3000余人。

明万历时,为稳固南澳及闽南、粤东海域局势,诏设闽粤南澳镇。南澳本为一海岛,分布着隆澳、云澳、深澳、青澳四大港湾。

明万历三年(1575),设南澳镇副总兵一职,治深澳。翌年,在深澳修建南澳城。清乾隆《南澳志·艺文·新建南澳真武庙碑记》载:"肇自万历己卯春,创金城,号一雄镇第。"这一碑记由万历十三年(1585)潮州海防同知、进士王懋中撰写,所记述的"雄镇第"应该是已经竣工的南澳城。

南澳城背山面海,为防御背面受敌,明万历时又在戚继光"破吴平道出于此"的云澳、深澳交界处设置关隘——雄镇关。

要谈雄镇关,郑成功也是一个绕不开的人物。

郑成功的父亲郑芝龙原为海盗,后被朝廷收编。明崇祯八年(1635)任南澳镇副总兵。崇祯十三年(1640)加总兵衔。清顺治三年(1646),郑芝龙撤兵不守,投靠清朝。这年郑成功却举起抗清大旗,占据南澳,招兵买马,势力逐渐强大起来。

康熙元年(1662),郑成功以武力收复台湾。郑成功去世之后,其孙郑克塽执掌台湾。康熙二十二年(1683),郑克塽被清朝降服。

康熙二十四年(1685),诏设闽粤南澳总镇府,亦称总兵府,杨嘉瑞首任总兵一职。康熙二十八年(1689)杨嘉瑞主持重建雄镇关。

杨嘉瑞,庐陵(今江西省吉安县)人。民国《南澳县志·宦绩》载,杨嘉瑞"少从军旅,积功累官总兵",清康熙"二十四年移镇南澳,时经兵燹之后,人民流散,嘉瑞筑营房以居兵士,招徕流民抚绥安集","在澳十四年,人服其德,建祠祀之"。

闽粤南澳总镇府中的杨嘉瑞塑像（2017年4月摄）

雄镇关一侧为云深古寺，1997年奠基重建，第二年落成开光。1998年《重建南澳岛雄镇关黄檗祖庭碑记》载，清朝末年，高僧释仁智在此住持礼佛，1918年因地震倒塌，"旋即修复"，1944年重修。

2004年镌立的《雄镇关》碑载："原关内的真武庙门顶有'威镇南天'横额石匾。"现在的云深古寺，其山门匾额"威镇南天"即真武庙遗物。

重建的云深古寺中设有"城门"，谓之"登关吉祥门"，亦即登临雄镇关之门。

雄镇关云深古寺中的城门（2017年4月摄）

　　明万历时建造的雄镇关，并没有留下图样。清乾隆《南澳志·图》中的雄镇关为二层结构。1985年，南澳县文物普查办公室编印的《南澳县文物志》载，1981年12月，广东省文化局拨款1万元，资助南澳县重建雄镇关。1982年5月开工，10月告竣。《南澳县文物志》又载，这次落成的雄镇关"参照明代关隘特点修建"。

　　1982年重建的雄镇关，由关门和一段关墙构成。关门匾额分别为"云深处""雄镇关"。其联为：

雄跨南北双方脊，
镇摄云深两澳关。

"雄镇关"匾额（2017年4月摄）

雄镇关楹联（2017年4月摄）

"雄镇关"匾额及楹联均没有款识，不知何人何时所题。

《南澳县文物志》载，现存"雄镇关"匾额，是清光绪年间修建雄镇关时，由深澳贡生康世奇题。1918年，雄镇关因地震而"关崩门倒"。1928

年重修。其后再次重修,并由柯礼臣书写"云深处"匾额,"后来又失落",关门楹联"也是在这次修建中聘请贤人撰书的"。现存"云深处"匾额,1982年重建时,由南澳县文物普查领导小组组长张足裕题。

雄镇关在两山交会处,地势高险,南边为云澳镇,北边为深奥镇。古时,云澳、深澳两地过往,这里是必经之地。清乾隆《南澳志·杂记》载,雄镇关曾以"雄关雨磴"列入"南澳八景"。

1981年,"雄镇关"被列入南澳县重点文物保护单位。

梅　关

梅关,位于广东省南雄市与江西省大余县交界处。清道光《直隶南雄州志·关隘》载:"岭南第一关在大庾岭绝顶,秦曰横浦关,宋曰梅关,明成化癸卯知府江璞易今名。""成化癸卯"即明成化十九年(1483)。"今名"即岭南第一关。

现在梅关的匾额仍然是"岭南第一关"。不过,这个匾额并非江璞所题,而是"万历戊戌中秋,知府蒋杰题"。"万历戊戌"即明万历二十六年(1598)。梅关从江璞易名岭南第一关,至蒋杰题名,已经相隔一百多年了。

梅关(2017年4月摄)

梅关另一匾额为"南粤雄关",惜无款识,不知何人何时所题。

梅关所在的大庾岭,相传其名源于西汉大将庾胜——这里曾为庾胜扎营之地,后人为纪念庾胜,将这一山岭称之为庾岭,因庾胜排行老大,又在"庾岭"前面加了一个"大"字。大庾岭北麓的大余县本为大庾县,为了便于识读,1957年经国务院批准,将"大庾"改为"大余"。

大庾岭又称梅岭。一说为纪念梅鋗。西汉将领梅鋗曾率领越人南迁岭南拓荒筑城。一说岭上梅多,故名梅岭。北宋文学家苏轼,从贬谪地北

归途中经过梅岭,曾赋诗《赠岭上梅》:

> 梅花开尽百花开,过尽行人君不来。
>
> 不趁青梅尝煮酒,要看细雨熟黄梅。

诗句中的"百花"亦作"杂花",梅岭新勒石的《赠岭上梅》诗就是这样的——"梅花开尽杂花开"。

1980年,四川省眉山三苏文管所印制的《苏东坡年谱》转引南宋曾敏行《独醒杂志》称:"东坡还至庾岭上,少憩村店。有一老翁出,问从者曰:'官为谁?'曰:'苏尚书。'曰:'是苏子瞻欤?'曰:'是也。'乃前揖坡曰:'我闻人害公者百端!今日北归,是天祐善人也。'东坡笑而谢之,因题一诗于壁间。"这首诗就是《赠岭上梅》。

经过梅岭的这条古道始于秦汉。唐开元四年(716),时任左拾遗张九龄奉诏重修梅岭之路。

梅关张九龄塑像(2017年4月摄)

张九龄(678—740),韶州曲江(今广东省韶关市)人。唐神功进士。官至中书侍郎同平章事,迁中书令,为唐开元时贤相之一,谥号文献。

北宋时在梅岭置关,关名随岭名,"梅关"之名由此而来。清道光《直隶南雄州志·关隘》载,北宋嘉祐八年(1063),广东转运使蔡抗、江西提刑蔡挺主持重修梅岭之路,并"立关于岭上,颜曰'梅关',以分江广之界"。经过梅关的这条道路,后人称之为梅关古道。

梅关前侧的"梅岭"碑,俗称关前碑。1998年,《南雄文物志》编委会、南雄市博物馆合编的《南雄文物志》载,关前碑款识"康熙岁次己未春三月毂旦,知南雄府事张凤翔重题"。"康熙岁次己未"即康熙十八年(1679)。

"梅岭"碑(2017年4月摄)

梅关楹联,款识"光绪癸未暮春,闽汀李化题"。"光绪癸未"即清光绪九年(1883)。其联为:

梅止行人渴，

关防暴客来。

梅关楹联（2017年4月摄）

李化，生卒不详，福建省长汀县人。

这副楹联嵌"梅""关"二字，谓之嵌名联。

"梅止行人渴"源于一个典故。南朝宋刘义庆编纂的《世说新语·假谲》载："魏武行役，失汲道，军皆渴。乃令曰：'前有大梅林，饶子甘酸，可以解渴。'士卒闻之，口皆出水，乘此得及前源。"由此形成了一个成语——望梅止渴。

古时候，关隘之地常以士卒卫戍，战时御敌，平时防匪。"关防暴客来"，正是梅关在梅关古道上所要发挥的主要功能。

2013年，梅关及梅关古道以"南粤雄关与古道"之名被列入全国重点文物保护单位。

要谈梅关,陈毅也是一个绕不开的人物。

陈毅(1901—1972),四川省乐至县人。中华人民共和国十大元帅之一,曾任上海市市长、国务院副总理兼外交部部长、国防委员会副主席等职。

1934年至1937年,梅岭一带成了赣粤边特委的主要活动地区之一,陈毅在这里率部坚持游击战争长达三年之久。1935年,陈毅赋诗《偷渡梅关》:

敌垒穿空雁阵开,连天衰草月迟来。

攀藤附葛君须记,万载梅关著劫灰。

1936年,赣粤边特委在梅岭的地址被叛徒出卖,当天便遭敌搜山,后又被重重包围。陈毅等人隐蔽在丛林之中,经过周旋,最终成功脱险。为此,陈毅赋诗《梅岭三章》:

断头今日意如何,创业艰难百战多。

此去泉台招旧部,旌旗十万斩阎罗。

南国烽烟正十年,此头须向国门悬。

后死诸君多努力,捷报飞来当纸钱。

投身革命即为家,血雨腥风应有涯。

取义成仁今日事,人间遍种自由花。

1960年,陈毅给大余县题写:"大余的梅山和梅关都是老革命根据地,是革命人民的故乡之一。"

现在的梅关已经辟为旅游景区。1995年,大余县在梅关古道兴建了"陈毅梅岭隐蔽处"纪念碑,并勒石《梅岭三章》诗。其后,南雄市在梅关古道亦镌立《梅岭三章》碑,并为陈毅塑像一尊。

陈毅梅岭隐蔽处纪念碑（2017年4月摄）

梅关陈毅塑像（2017年4月摄）

仙霞关

　　仙霞关，位于浙江省江山市境，为仙霞古道上的一个关隘。仙霞古道，也就是经过仙霞岭的一条古代交通要道，通常把江山市作为起点，把福建省浦城县作为终点。江山市原为江山县。清同治《江山县志·关津》称这段路"二百余里，皆谓之仙霞岭路"。

　　仙霞关自北向南，在仙霞古道约1500米的路段上分置仙霞一关、仙霞二关、仙霞三关、仙霞四关。这四道关的建筑结构相差无几。仙霞一关由条石和毛石垒砌而成，关门高3.6米，宽2.6米，墙厚5米。

仙霞一关（2017年4月摄）

仙霞古道，相传由唐朝黄巢率先开通。

仙霞关黄巢塑像(2017年4月摄)

　　黄巢(? —884),曹州冤句(今山东省曹县北)人。唐乾符二年(875),黄巢率众起义,因攻中原不利,改南渡长江,经江西而至浙西、浙东,开山辟道,入福建,转战岭南。唐乾符六年(879),黄巢率领起义军经桂林回师北伐。最终,黄巢攻克长安做了皇帝。不久,又被唐军包围。唐中和三年(883),黄巢放弃长安,率众东进,翌年兵败。

　　北宋《新唐书·逆臣下》载:"巢度藩镇不一,未足制己,即叛去,转寇浙东,执观察使崔璆。于是高骈遣将张璘、梁缵攻贼,破之。贼收众逾江西,破虔、吉、饶、信等州,因刊山开道七百里,直趋建州。"

　　南宋《方舆胜览·衢州》又载:"仙霞岭,在江山县。黄巢传云,巢破饶、信、衢等州,刊山开道即此。"

在仙霞古道上设置关隘，始于南宋史浩。清雍正《浙江通志·仙霞关图》载："岭当浙闽之界，自宋史浩伐山通道，累石百盘，踞巅为关……"

史浩（1106—1194），明州鄞县（今浙江省宁波市）人。南宋绍兴进士，乾道八年（1172），以保宁军节度使知福州，淳熙五年（1178），复为右丞相。

明朝时，仙霞关由巡检值守。清康熙《江山县志·幕属》记载，明嘉靖、万历时曾设"仙霞关东山巡检司"，清顺治时延续明朝做法，康熙时仍然设巡检司于此。

仙霞古道旁的采茶人（2017年4月摄）

民国时，江山县到浦城县开通了现代公路，这条公路绕仙霞关而过，可以通行汽车。此后，仙霞关逐渐变成了历史遗迹。1933年，作家郁达夫在《仙霞纪险》中写道："仙霞关，前前后后，有四个关门。第二关的边上，将近顶边的地方，有一座新筑的碉楼在那里，据陪我们去游的胡站长说，江山近旁，共有碉楼四十余处，是新近才筑起来的，但汽车路一开，这些碉楼，这座雄关，将来怕都要变成些虚有其名的古迹了。"

郁达夫从"关南上岭，关北下山"。他所说的"第二关"，应该是现在的"仙霞三关"。仙霞三关曾名"南二关"，过此关，才是郁达夫所说的"仙霞亭"。现在的"仙霞二关"，过去常以"北二关"称之，至此"下岭里许"，则是一座关帝庙。郁达夫在《仙霞纪险》中也提到了这座关帝庙。他说"在关帝庙里喝了一碗茶，买了些有名的仙霞关的绿茶茶叶，晚霞已经围住了山腰","不到此地,可真不晓得这关名之妙喂"!

仙霞二关(2017年4月摄)

仙霞三关(2017年4月摄)

其实,仙霞关之名源于仙霞岭。仙霞岭之名,或许源于此地晚霞"之妙喂"。另外,仙霞岭也有狭义和广义之分。狭义的仙霞岭就是仙霞关所在的这一山岭,而广义的仙霞岭则是这一带众多山岭的总称。现在的仙霞一关、仙霞四关,或俗称北头关、南头关。

仙霞四关(2017年4月摄)

要谈仙霞关,戴笠也是一个绕不开的人物。

戴笠为江山市保安乡人,该地原名保安铺,曾经是仙霞古道上的一个驿站,这里距离仙霞一关不远。1942年,日军进攻到这里,戴笠家的老房子在战火中被毁,后由戴笠出资、其弟督工,在保安乡重建了一处住宅。现在这里已经辟为仙霞关旅游景区的一个景点,名之"戴笠故居"。除此之外,在仙霞二关不远处,还有一个与戴笠相关的景点,即"率性斋旧址"。

"率性斋旧址"指示牌（2017年4月摄）

1999年，中国戏剧出版社出版的《江山留胜迹》载："为迎接中美合作所副主任梅乐斯到来，戴笠曾于仙霞岭峰巅（北二关上首左侧）建一小别墅，亲书'率性斋'三字镌石以名之。"率性斋现仅存遗址。

1963年，"仙霞关"被列入浙江省重点文物保护单位。1981年、2011年又分别以"仙霞岭黄巢起义遗址""仙霞古道"之名被列入浙江省省级文物保护单位。

"仙霞关"文物保护标志碑(2017年4月摄)

千秋关

千秋关,位于安徽省宁国市与浙江省杭州市临安区交界处。

千秋关上浙江、安徽两省界桩(2017年3月摄)

千秋关之名源于关隘所在的山岭——千秋岭。千秋岭这一地名,至少在唐朝时就出现了。明嘉靖《宁国县志·山川》载,千秋岭为"北入余杭之道","崇山迥合","夏凛如九秋……罗隐送梅处士诗,有'回望千秋岭上云',即此岭也"。

罗隐是唐朝诗人。"回望千秋岭上云"亦作"想望千秋岭上云",出自罗隐《送梅处士归宁国》诗。

1982年,临安县人民政府将"千秋关"列入县级重点文物保护单位。1996年,临安县撤县设市。2000年,临安市人民政府又在千秋关镌立"千秋关"市级文物保护标志碑,并在碑阴镌文:"千秋关,设关于五代,钱武肃王擒淮将李涛于此,宋南渡后,置关戍守。现今关隘,则为清咸丰三年(1853)修建。"2017年撤销临安市,设立杭州市临安区。

"钱武肃王擒淮将李涛于此"之句,显然是在褒扬钱武肃王哩!这一史实,也有另外一种表述方式。

1931年,商务印书馆出版的《中国古今地名大辞典》载:"五代梁时,淮南将李涛出千秋岭,攻吴越衣锦军,即此。"这里的表述方式,突出的是李涛攻打吴越之举。

在我国历史上,唐朝之后便进入五代十国时期。五代指的是后梁、后唐、后晋、后汉、后周。因先前曾经有过同名的朝代,所以在五代各朝前都加了一个"后"字,以示区别。十国为当时的地方割据政权,包括吴、吴越、南唐、楚、闽、南汉、前蜀、后蜀、荆南、北汉等国。

吴国的疆域,大概包括今安徽、江苏、江西、湖北四省辖区。淮将李涛亦即淮南将李涛,为吴国将领。

相比吴国来说,吴越国算是地小国弱。吴越国领地仅包括今浙江省及江苏省的一部分。钱武肃王即钱镠,为吴越国王。

钱镠(852—932),谥号武肃王,杭州临安(今浙江省杭州市临安区)人。原为唐末镇海节度使,后创建吴越国。

那时的吴国时常引起事端,当作借口出兵吴越。钱武肃王为了应对吴国挑衅,先后向后梁、后唐等北方小朝廷称臣纳贡,以此牵制吴国。这年,淮将李涛试图通过千秋岭攻打吴越,不料反被钱武肃王擒获。

为了弘扬本地历史名人,临安市(今杭州市临安区)将"钱武肃王擒淮将李涛于此"镌刻在千秋关文物保护标志碑上,或许这就是一个充足的理由。

绍兴八年(1138),南宋迁都临安府(今浙江省杭州市),为保卫南宋京畿,又在千秋岭筑关卫戍,是关即千秋关。

明嘉靖《宁国县志·关津桥渡》载,千秋关在"治东南一百里,宋南渡时所建。"《中国古今地名大辞典》又载:"宋南渡后,亦置兵戍守,有千秋关。元至正间董搏霄拒贼于此。"

元朝末年,红巾军发动了一场农民战争。董搏霄为元朝大将,曾转战江南,战功显赫。"拒贼于此"中的"贼",说的可能就是红巾军。

清咸丰时重修千秋关,其关门匾额"千秋关",惜没有款识,不知道是南宋遗物,还是清咸丰时的构件?

"千秋关"匾额（2017年3月摄）

千秋关所在的山脉属于西天目山，由于岭高坡陡，过去在这里修建公路并非易事。1986年，宁国县交通局史志领导组公路站编印的《宁国县公路志（试写稿）》载，1957年修建通往千秋关的公路时，云梯至千秋关这段路，由于工程艰巨，再加上技术和资金不足等问题，曾经暂停施工。1963年重修千秋关这段公路，通车后发现多处路段弯急、坡陡，行车不安全。1968年经过改线降坡，客车才得以安全通行。

2009年，千秋关隧道竣工通车。自此翻越千秋关的那段盘山公路，由原来的省道变成了"乡道"。千秋关关门一侧新建的门洞，即原省道通过千秋关的公路门洞，其匾额也是"千秋关"三字。

千秋关关门（左）及新建的公路门洞（2017年3月摄）

1983年,宁国县人民政府将"千秋关"列入县级重点文物保护单位。1997年,宁国县撤县设市。2012年,安徽省人民政府又将"千秋关"列入省重点文物保护单位。

"千秋关"文物保护标志碑(2017年3月摄)

昭 关

昭关,位于安徽省含山县境。这里的山脉呈东西走向,其中一条通往南北的交通要道经过昭关。春秋时,昭关为楚国边防重地。相传楚国伍子胥就是从昭关"蒙混过关",投奔吴国的。

昭关关楼(2017年3月摄)

春秋时期列国称雄争霸,楚国、宋国、郑国、晋国、吴国、越国等国战事不断,打打杀杀,不足为奇。

这年楚平王因听信谗言,欲将太子建以谋叛之名治罪,太子建急忙携妻儿逃亡宋国避难。伍子胥之父伍奢因受牵连被执杀。为替父亲报仇,伍子胥在宋国找到太子建,后来一同投奔郑国,想借兵攻打楚国。太子建却与晋国串通,谋划先夺下郑国,然后再寻机攻打楚国。不料事情败露,太子建在郑国被诱杀。

伍子胥携带幼主匆匆逃离郑国,决定过昭关投奔吴国。途中听到消息,说昭关把守严密,城门贴出告示,要求各地全力缉捕伍子胥。此时伍子胥结识隐士东皋公。为出昭关,伍子胥日夜犯愁,一夜之间白了须发。

东皋公认为这是好的兆头,须发斑白,外貌特征发生变化,不易被守兵识别出来,更利于出关通行。

这天,东皋公找到一位相貌与伍子胥相似的人——皇甫讷,经过巧妙安排,让伍子胥扮成仆人携带幼主,随皇甫讷一同出关。守兵看着皇甫讷疑似伍子胥,遂向前盘问,皇甫讷故作支支吾吾,拖延时间,制造混乱。伍子胥则见机行事,急忙携幼主出关而去。

相传伍子胥刚到吴国时,因人生地不熟,曾一度靠吹箫卖艺乞食。后来伍子胥结识了公子光。公子光正欲谋求王位,经过伍子胥出谋划策,公子光刺杀吴王僚后夺取王位,史称吴王阖闾。在伍子胥的辅佐下,吴国逐渐强大起来。先是攻打楚国,伍子胥借机为父亲报仇,将楚平王掘冢鞭尸。后来又攻打越国,吴王阖闾不幸重伤身亡,其子夫差即位。因政见不合,伍子胥被夫差冷落。后夫差赐剑,令伍子胥自刎而亡。

昭关伍子胥塑像(2017年3月摄)

再后来,伍子胥过昭关被写成戏本,最有名的就是京剧《武昭关》《文昭关》。

1957年,北京出版社出版的《京剧汇编(第六集)》收录《武昭关》戏本。《武昭关》仅有三场,伍子胥最后念白道:"子胥离家有数年,不报冤仇誓不还。解开甲胄观幼主,哈哈哈……一夜须白过昭关。"幼主即太子建的公子。戏中伍子胥保护幼主出逃,追兵甚急,几经周折,终于突围而去。《武昭关》以"武戏"取胜,大概这就是戏名冠以"武"字的缘由。

1957年,北京宝文堂书店出版戏本《文昭关》。这出戏长达七场,主要表现隐士东皋公帮助伍子胥蒙混过关的事儿。《文昭关》突出"计策""谋略"的运用,以"文戏"为主,大概这就是戏名冠以"文"字的缘由。

尽管《武昭关》《文昭关》的主角都是伍子胥,但是这两个戏本并没有任何关联,各说各的,自成体系。说书唱戏,图的就是一个热闹哩!

春秋时的昭关就是楚国的一个关隘,伍子胥作为"犯事"之人,从昭关进入吴国却成就了一番事业。因在吴国为相,辅助吴王有功,世人尊称"伍相"。又因替父报仇,亦被誉为"孝子忠臣"。

清康熙《含山县志·山川》载,南宋时在昭关复筑关城守防,"岁久关圮","明万历年间知州郭继芳、知县龙为光重修建伍子胥祠于关上"。

清康熙《含山县志·艺文续编·昭关伍相祠碑记》又载,郭继芳在昭关"始创为楼",用以祀典伍子胥。"岁久圮坏"。含山知县龙为光上任伊始"瞻拜祠下","乃自捐俸","鼎新而葺"。

郭继芳,生卒不详,四川隆昌人。明万历二十四年(1596)任和州知州,官至云南按察副使。

龙为光,生卒不详,山东滕县(今山东省滕州市)人。明万历三十三年(1605)任含山知县。

2006年,政协含山县委员会编印的《含山文史资料(第二辑)》载,胡耀邦任总书记时到安徽省视察,其间问到昭关伍相祠,并表示要到实地看看。那时的昭关什么也没有,只有一个名为昭关的村落。胡耀邦看昭关伍相祠的愿望没能实现,提出"应该修复"。

此后，当地制订了修复昭关伍相祠的计划。1983年成立相关机构，但在筹建过程中，因人事变动及工程资金等问题，重建昭关伍相祠的进展非常缓慢，曾几度搁浅停建。1993年再次启动，1995年竣工。

现在的昭关伍相祠，仍然沿用旧制，亦重建伍相祠"于关上"。其"昭关"匾额，款识"赖少其书"。另一篆书匾额"雄踞吴楚"，款识"癸酉寒十二月，葛介屏篆"。"伍相祠"匾额，款识"甲戌年冬，陈基余题"。1996年，祁家振为伍相祠撰联：

> 诚然千古须眉，败楚破越强吴，照史辉煌今不减；
> 最是一生肝胆，拜相殉国为神，过人英烈昔无多。

"昭关"匾额（2017年3月摄）

"伍相祠"匾额(2017年3月摄)

1993年,修复昭关伍相祠的奠基石被嵌于昭关,其上镌刻"含山县昭关伍相祠修复工程奠基石。一九九三年八月一日"。

1989年,这里曾以"古昭关遗址"之名被列入安徽省重点文物保护单位。

后　记

雁门关留影（2017 年 5 月作者自拍）

　　写关隘，窃以为只有走到、看到，自己真正弄明白了，方可动笔成文。单靠现成的资料东拼西凑，人云亦云，再通过互联网下载几张不知源自何人何时拍摄的，甚至张冠李戴的关隘图片，至少我是抵制的。

　　就个体而言，兴趣是做好一件事情的原动力。有兴趣，才能乐此不疲，尽心去做。我是喜欢旅行的，而且偏好存有古迹的地方。游关隘，写关隘,恰好是我的兴趣所在。

　　《关隘古今谈》的正式撰述始于2017年初,2018年6月完稿,此后又经过多次改削,于2019年11月定稿。现在将其付梓,愿与同道共分享。

张玉舰

2020年3月26日